예수님과 사도들 그리고 초대교회

교회 공동체에게 전하는 베네딕토 16세의 가르침

예수님과 사도들 그리고 초대 교회

2015년 5월 12일 교회 인가
2015년 10월 28일 초판 1쇄 펴냄

지은이 · 베네딕토 16세 교황
옮긴이 · 김한수
펴낸이 · 염수정
펴낸곳 · 가톨릭출판사
편집 겸 인쇄인 · 홍성학
디자인 자문 · 류재수, 이창우, 황순선
표지 및 내지 디자인 · 정해인   **마케팅** · 강시내

본사 · 서울특별시 중구 중림로 27
지사 · 경기도 고양시 일산동구 노첨길 65
등록 · 1958. 1. 16. 제2-314호
전자우편 · edit@catholicbook.kr
전화 · 1544-1886(대) / (02)6365-1833(영업국)
지로번호 · 3000997

ISBN 978-89-321-1416-3 03230

값 14,000원

인터넷 가톨릭서점 http://www.catholicbook.kr
직영 매장 명동대성당 (02)776-3601, 3602/ FAX (02)776-1019
　　　　　가톨릭회관 (02)777-2521/ FAX (02)777-2520
　　　　　서초동성당 (02)313-1886
　　　　　서울성모병원 (02)2258-6439, (02)534-1886/ FAX (02)392-9252
　　　　　절두산순교성지 (02)3141-1886/ FAX (02)3141-1886
　　　　　분당요한성당 (031)707-4106
　　　　　미주지사 (323)734-3383/ FAX (323)734-3380

가톨릭의 모든 도서와 성물을 '인터넷 가톨릭서점'에서 만나 보실 수 있습니다.

성경 © 한국천주교중앙협의회, 2005
교회 문헌 © 한국천주교중앙협의회
표지 사진 © Catholic Press Photo

이 도서의 국립중앙도서관 출판예정도서목록(CIP)은 서지정보유통지원시스템 홈페이지(http://seoji.nl.go.kr)와
국가자료공동목록시스템(http://www.nl.go.kr/kolisnet)에서 이용하실 수 있습니다(CIP제어번호: CIP2015024845).

이 책은 저작권법에 의해 보호를 받는 저작물이므로 무단 전재와 무단 복제를 금합니다.

예수님과 사도들
그리고 초대교회

교회 공동체에게 전하는 베네딕토 16세의 가르침

베네딕토 16세 교황 지음 · 김한수 옮김

가톨릭출판사

Original title: *Gli apostoli e i primi discepoli di Cristo. Alle origini della Chiesa*
Copyright © 2007 Benedetto XVI (Joseph Ratzinger)
Published by arrangement with Libreria Editrice Vaticana
All right reserved.
Korean translation copyright © 2015 by Catholic Publishing House

옮긴이의 말

교회는 무엇이며, 무엇을 해야 하는가? 교회 안팎으로 진지하게 제기되는 물음입니다. 그 질문에 담긴 생각의 무게가 더해지는 요즘입니다. 역사 이래 가장 풍요로운 시절을 살아가는 현대 사회 속에서도 물질적 빈곤으로 어려움에 처한 이들이 여전하고, 언제 어디서든 가능한 소통의 도구들로 가득한 삶 가운데 외로움과 소외 속에 힘겨워하는 이웃을 목격하며, 세상과 자신에 대한 이해의 폭이 그 어느 때보다 넓은 현대인들은 가치관의 혼란을 겪고 있습니다. 제2차 바티칸 공의회는 세상의 어려움을 몸으로 부딪히며 믿음의 삶을 이어 가는 우리가 바로 교회라고 가르칩니다. 따라서 '교회는 무엇이며, 무엇을 해야 하는가?'라는 물음은 믿음의 삶을 살아가는 자신에게 던지는 정체성과 지향성에 관한 문제입니다.

요한 바오로 2세 교황은 이전과 다르게 매주 수요일에 있던 일반 알현 시간을 보편 교회에 전하는 가르침의 시간으로 변화시켰습니다. 베네딕토 16세 교황 역시 그 전통을 이어 나갔습니다. 그 가운데 한 주제를 엮은 것이 이 책의 내용입니다. 이 책에서는 교회의 시작인 예수님과 사도들의 공동체를 이야기합니다. 예수님께서 바라셨던 공동체, 하느님의 새로운 백성으로서의 교회의 참된 모습을 그려 냅니다. 그리고 부족했지만 그 바람을 따라 믿음의 삶을 이어 갔던 초대 교회의 구성원들을 한 사람씩 살펴봅니다. 그렇게 예수님은 아버지 하느님의 바람에 따라 열두 사람을 모아, 친교의 공동체를 형성하셨습니다. 예수님을 만나 그분의 삶을 공유하게 된 열두 사람은 친교의 본질이 무엇인지, 그 친교에서 비롯되는 기쁨과 희망이 얼마만큼 큰 선물인지 인식하게 되었습니다. 글자 그대로 '기쁜 소식'을 전해 듣고 전해 주게 되었습니다. 교회의 시작이, 교회의 모습이, 그리고 그 가야 할 방향이 예수님과 열두 사람의 친교 공동체 안에 담겨 있습니다. 믿음의 삶을 살아가는 우리의 본래 모습이 무엇이며, 우리의 삶이 어디를 향해 흘러가야 하는지 그 친교 공동체에 모두 담겨 있습니다. 베네딕토 16세 교황은 그 원천적인 친교 공동체로 우리를 초대합니다. 비록 부족하고 죄 많은 삶을 살아가는 우리이지만, 우리의 삶이 곧 교회의 삶이기 때문입니다. 하느님과의 친교의 삶을, 또한 동시에 믿는 이들과의 친교의 삶을 살아가는 우리의 모습이 바로 이 시대의 교회 모습입니다. 우리 시대의 탁월한 신학자이며 사목자였던 베네딕토 16세 교황이 보편 교회와 우리 모두에게 전해 주는 예수님과 초대 교회 공동체의 모습에 귀를 기울여 봅니다. 그분의 가르침을 통해 힘겨운 세상살이의 빛과 소금이 되는 우리, 그리고 우리 교회를 희망합니다.

김한수 신부

차례

옮긴이의 말 · 7

그리스도와 교회 · 11
그리스도의 증거자들 · 19
'친교'의 선물 · 26
선물을 간직함 · 32
시대 안에서의 친교: 전통 · 38
교회의 사도적 전통 · 45
'하느님의 시선'으로 · 53
어부 베드로 · 61
사도 베드로 · 71
베드로, 교회의 반석 · 82
안드레아, 부르심을 받은 첫 사람 · 90
대 야고보 · 101
소 야고보 · 107
제베대오의 아들, 요한 · 114
신학자, 요한 · 122

파트모스 섬의 예언자, 요한 · 131

마태오 · 140

필립보 · 148

쌍둥이 토마스 · 157

바르톨로메오 · 165

시몬과 유다 · 172

유다 이스카리옷과 마티아 · 180

타르수스의 바오로 · 189

바오로 사도의 새로운 전망 · 198

바오로 사도와 성령 · 207

바오로 사도와 교회 · 216

티모테오와 티토 · 225

첫 순교자, 스테파노 · 233

바르나바, 실라스(실바누스) 그리고 아폴로 · 243

프리스킬라와 아퀼라 · 255

복음을 위해 봉사한 여인들 · 264

일러두기

이 책은 베네딕토 16세 교황이 2006년 3월 15일부터 2007년 2월 14일까지 수요 일반 알현 시간에 행한 교리 교육을 모은 것입니다.

그리스도와 교회

형제자매 여러분,

성무일도의 시편과 찬미가에 대한 그동안의 교리 교육에 이어, 저는 앞으로 있을 수요 일반 알현을 사도들의 경험에 기초한 그리스도와 교회의 관계적 신비에 할애하고 싶습니다.

교회는 믿음 · 희망 · 사랑의 공동체로서 사도들의 기초 위에 세워졌습니다. 우리는 사도들을 통하여 예수님께 다가갑니다. 교회는 갈릴래아의 어부들이 예수님을 만나 그분의 시선, 그분의 목소리, 그분의 따스하고 강한 초대에 매료되어 설립되었습니다.

"나를 따라오너라. 내가 너희를 사람 낚는 어부로 만들 겠다."(마르 1,17; 마태 4,19)

제3천년기를 시작하면서 요한 바오로 2세 교황은 그리스도의 얼굴을 바라보라고 전체 교회를 초대했습니다(《새천년기》, 16항 이하 참조). 이와 마찬가지로 오늘부터 시작하는 교리 교육을 통해 저는 연약하고 죄 많은 인류의 한계와 어두운 면을 간과하지 않으면서도 교회의 모습에서 드러나는 그분의 얼굴(《교회 헌장》, 1항 참조)이 얼마나 소중한 것인지 보여 드리고 싶습니다.

우리는 그리스도의 광채를 환히 밝힌 성모님, 그리고 선포와 증언을 한 사도들로부터 그리스도의 진리를 전해 받았습니다. 사도들의 선포는 제한적이라기보다는 하느님의 모든 백성이 포함된 친교의 신비 안에 놓여 있으며, 옛 계약에서 새 계약의 시대로 이어지고 있습니다.

따라서 예수님의 말씀은 선택된 백성의 신앙과 희망의 현장을 떠나면 곡해될 수밖에 없다는 사실을 알아야 합니다. 요한 세례자처럼, 예수님은 다가올 종말의 시대에 모든 이를 '모으기' 위하여 먼저 이스라엘에게(마태 15,24 참조) 말씀하셨습니다. 요한 세례자와 마찬가지로 예수님의 선포는 하느님의 모든 백성을 위한 은총의 부르심이었으며 동시에 정의와 모순의 상징이었습니다.

구원 사업의 첫 순간부터 나자렛 예수님은 하느님 백성을 하나로 모으려 애쓰셨습니다. 비록 개인적 회개에 관한 말씀이 대부분이었지만, 예수님은 당신이 모으시고, 깨끗하게 하시고, 구원하게 될 하느님 백성의 건설을 끊임없이 추구하셨습니다.

따라서 그리스도의 하느님 나라 선포를 개인주의적 차원으로 해석하는 자유주의 신학은 편협되고 근거 없는 해석입니다. 자유주의 신학자 하르나크Adolf von Harnack는 1900년에 '그리스도교의 핵심'에 관한 강의에서 이렇게 말했습니다. "하느님의 나라가 개개인에게 도래하기 때문에, 그 나라는 그의 영혼에 도달하여 받아들여지게 된다. 하느님의 나라는 분명 하느님의 다스림이지만, 그것은 개인의

마음에서 일어나는 거룩한 하느님의 다스림이다."(제3강, 100 이하 참조)

자유주의 신학의 이러한 개인주의화는 현대 사회의 전형적인 특징입니다. 성경과 유다적 관점에서, 사람이 되신 성자의 전체 사명은 분명 친교의 목적을 지니고 있습니다. 그분은 흩어진 인류를 모으기 위해 오셨습니다. 그분은 하느님의 백성을 한데 모으기 위해 오셨습니다.

계약의 공동체는 언제나 부르시고, 일치하게 하시고, 하나 되게 하시는 하느님 약속의 성취입니다. 이러한 공동체로 모두를 모으려는 예수님의 바람이 결정적인 표징으로 드러난 것이 바로 열두 사도입니다. 우리는 열두 사도의 선발에 관한 복음 말씀을 들었습니다. 중요한 구절을 읽어 보겠습니다. "예수님께서 산에 올라가신 다음, 당신께서 원하시는 이들을 가까이 부르시니 그들이 그분께 나아왔다. 그분께서는 열둘을 세우시고 그들을 사도라 이름하셨다. 그들은 당신과 함께 지내게 하시고, 그들을 파견하시어 복음을 선포하게 하시며, 마귀들을 쫓아내는 권한을 가지게 하시려는 것이었다. 이렇게 예수님께서 열둘을 세우셨는데, 그들은……."(마르 3,13-16; 마태 10,1-4; 루카 6,12-16 참조)

계시의 장소인 '산'에서 예수님은 뚜렷한 인식과 결의를 갖고 열두 사도를 뽑으시어, 그들이 당신과 함께 다가오는 하느님 나라의 증거자와 상속자가 되게 하셨습니다.

증언의 다양성뿐만 아니라, 새로운 공동체 형성에 걸림돌이 될 수 있는데도 그분을 배신한 사도인 유다의 이름이 포함되어 있다는 지극히 단순한 이유에서도 이 부르심에 대한 역사성을 부인할 수 없습니다.

이스라엘의 열두 지파를 뜻하는 열둘이라는 숫자는 거룩한 백성의 재정립이라는 새로운 지향 속에서 예언자적 표징을 이미 드러내고 있습니다. 열두 지파 체계가 서서히 붕괴되고 있었기 때문에 이스라엘은 종말론적 표징으로서 민족의 재건을 희망해 왔습니다(에제키엘서 후반부에 언급되어 있는 것처럼 말입니다. 에제 37,15-19; 39,23-29; 40-48 참조).

예수님께서는 열두 사도를 당신과 함께하는 생명의 공동체로 이끄시고 하느님 나라를 선포하도록 사명을 주시어(마르 6,7-13; 마태 10,5-8; 루카 9,1-6; 6,13 참조), 하느님의 새로운 백성, 세상 만민으로 구성된 열두 지파, 당신 교회가 시작되는 결정적인 시간이 도래했음을 이야기하고 싶어 하셨습니다.

이스라엘을 향한 호소

다양한 개성과 배경을 지닌 열두 사도는 이스라엘을 향한 호소가 되었습니다. 열두 지파의 완성인 새 계약으로 모여들 수 있도록 회개하고 받아들이라는, 이스라엘 전체를 향한 호소가 되었습니다. 예수님께서는 수난 전날 마지막 만찬 때 제자들에게 당신의 파스카 신비를 거행하는 책임을 맡기셨습니다. 이는 예수님이 당신으로부터 시작된 종말론적 공동체 안에서 표징과 도구가 되는 권한을 얼마나 전체 공동체에 전해 주고 싶어하셨는지를 알려 줍니다. 그분은 당신 자신을 내어 주시어, 새로운 공동체를, 곧 당신과의 친교로 하나가 되는 공동체를 만들어 주셨습니다. 때문에 마지막 만찬은 그 자체로 교회의 기초를 세운 행위였다고 말할 수 있습니다.

따라서 부활하신 그분이 성령의 충만함과 함께 죄를 용서하는 권한(요한 20,23 참조)을 그들에게 주신 이유를 이해하게 됩니다. 이렇게 열두 사도는 교회의 실존과 사명에 대한 예수님의 지향을 나타내는 가장 확실한 표징입니다. 그들은 그리스도와 교회가 다르지 않음을 보증합니다. 교회 구성원들의 허물에도 불구하고, 교회는 그리스도와 분리될 수 없습니다.

'예수님은 좋지만 교회는 싫다.'라는 말이 자주 언급됩니다. 이는 그리스도의 뜻과는 전혀 일치하지 않습니다. 그렇게 개인적 차원으로 이해되는 예수님은 허구입니다.

우리는 그분이 마련하신 현실과 친교 없이는 예수님을 이해할 수 없습니다. 당신 백성 안에서 현존하시는 그리스도로 말미암아, 사람이 되신 하느님의 아들과 교회에는 근본적이고 끊어질 수 없는 신비로운 지속성이 자리합니다. 그분은 언제나 우리와 함께 현존하십니다. 그분은 사도들을 기초로 사도적 계승 안에 살아가는 교회와 함께 언제나 현존하십니다. 친교에서 드러나는 그분의 현존은 우리들 기쁨의 이유입니다. 그렇습니다. 그리스도께서 우리와 함께 계십니다. 하느님의 나라가 도래하고 있습니다.

2006년 3월 15일

그리스도의 증거자들

형제자매 여러분,

에페소 신자들에게 보낸 서간은 교회를 '예수 그리스도를 모퉁잇돌로 하여 사도들과 예언자들의 기초 위에 세워진 건물'(에페 2,20 참조)로 제시합니다. 요한 묵시록에서 사도들의 역할은, 조금 더 구체적으로 말해서 열두 사도들의 역할은, "그 도성의 성벽에는 열두 초석이 있는데, 그 위에는 어린양의 열두 사도 이름이 하나씩 적혀 있었습니다."(21,14)라고 기록된 것처럼 천상 예루살렘에서의 종말론적 관점에서 이야기됩니다.

예수님은 요르단 강에서 요한 세례자에게 세례를 받으신 다음, 첫 번째 사명으로 사도들을 부르셨습니다. 이는 모든 복음서가 언급하는 사실입니다.

마르코 복음서(1,16-20 참조)와 마태오 복음서(4,18-22 참조)에 따르면, 예수님이 첫 사도들을 부르신 일은 갈릴래아 호수에서 있었습니다. 하느님 나라의 선포를 시작하시려 할 때, 예수님의 시선이 시몬과 안드레아, 야고보와 요한 두 형제에게 머물게 되었습니다. 그들은 그물을 던지고 손질하며 분주한 일상을 보내던 어부들이었습니다.

그들에게는 다른 차원의 낚시가 기다리고 있었습니다. 예수님이 그들을 부르시자, 그들은 곧바로 그분을 따랐고, 결국 "사람 낚는 어부"(마르 1,17; 마태 4,19)가 되었습니다. 루카 복음서는 동일한 전승을 조금 더 자세하게 전해 줍니다(5,1-11 참조).

루카 복음서는 그분의 첫 가르침을 듣고 그분이 일으키신 첫 기적을 목격한 다음 당신을 따르라는 예수님의 초대가 이어졌다고 이야기하면서, 첫 제자들이 보여 준 믿음의 전개를 묘사하고 있습니다. 많은 고기를 잡은 사건은 부르심의 직접적인 배경이 되었을 뿐만 아니라 사람 낚는 어부라는 사명이 그들에게 위임되었다는 상징성을 담고 있습니다. 그때부터 '부르심을 받은' 이들은 예수님과 운명을 함께하게 되었습니다. 사도는 파견받은 사람이기 이전에 예수님에 관한 '전문가'였습니다.

요한 복음사가는 이러한 측면을 사도들과의 첫 만남부터 강조하였습니다. 요한 복음서의 사화는 다른 복음서들과는 다릅니다. 그 만남은 요르단 강가에서 일어났습니다. 예수님과 마찬가지로 요한 세례자가 베풀던 세례를 받으려고 갈릴래아에서 온 제자들은 이 만남으로 자신들의 영적인 세상에 빛을 밝히게 되었습니다.

그들은 하느님의 나라를 고대하던 이들, 약속된 메시아에 대해 알고 싶어 하던 이들이었습니다. 요한 세례자가 예수님을 하느님의 어린양이시라고 부른 것만으로도(요한 1,36 참조) 그들은 스승과의 개인적 만남에 대한 바람을 갖기에 충분하였습니다.

예수님께서 첫 두 제자와 나누신 대화는 의미 깊습니다. "무엇을 찾느냐?"라는 그분의 질문에 그들은 "라삐(번역하면 '스승님'이라는 말이다.), 어디에 묵고 계십니까?"라고 물었습니다. 이에 예수님은 초대로 응답하셨습니다. "와서 보아라."(요한 1,38-39 참조) '오십시오, 그러면 보게 될 것입니다.'라고 말씀하신 것입니다.

이는 서로를 받아들이는 사람들의 만남으로서, 사도들의 여정이 어떻게 시작되었는지 알려 줍니다. 머무시는 곳을 보고 알게 된 그분과의 만남으로 제자들에게 스승과의 직접적인 친분이 시작되었습니다. 사실 사도들은 사상을 선포하기 위한 이들이 아니라 한 사람을 증언하기 위한 이들이었습니다.

그들은 파견받기 이전에 그분과의 개인적인 관계를 형성하기 위하여 함께 '지내야'(마르 3,14 참조) 했습니다. 따라서 복음화는 자신이 느낀 것에 대한 선포 그리고 그리스도와의 신비스러운 친교에 참여하라는 초대였습니다(1요한 1,1-3 참조).

사도들은 누구에게 파견된 것일까? 복음서에서 예수님은 당신의 선교 사명을 이스라엘에 한정시키신 듯 보입니다. "나는 오직 이스라엘 집안의 길 잃은 양들에게 파견되었을 뿐이다."(마태 15,24) 그분이 열두 사도에게 맡기신 선교 사명도 비슷하게 보입니다. "예수님께서 이 열두 사람을 보내시며 이렇게 분부하셨다. '다른 민족들에게 가는 길로 가지 말고, 사마리아인들의 고을에도 들어가지 마라. 이스라엘 집안의 길 잃은 양들에게 가라.'"(마태 10,5)

현대 비평론 일각에서는 이러한 구절들이 나자렛 사람에게 보편적 인식이 부족했음을 드러낸다고 보았습니다. 이 구절은 사실 구원 역사의 연속성 속에 자리한 계약 공동체인 이스라엘이 그분과 맺는 특별한 관계성 안에서 이해해야 합니다.

메시아 전승에 따르면, 하느님께서 이스라엘에게 말씀하신 약속은 목자로 선택된 사람들을 통해 백성을 모아들이실 때 완성됩니다. "내가 내 양 떼를 구하여 그것들이 더 이상 약탈당하지 않게 하겠다. …… 나는 그들 위에 유일한 목자를 세워 그들을 먹이게 하겠다. 바로 나의 종 다윗이다. 그가 그들을 먹이고 그들의 목자가 될 것이다. 나 주님이 그들의 하느님이 되고, 나의 종 다윗은 그들 가운데에서 제후가 될 것이다."(에제 34,22-24)

양들을 알고 사랑하신 예수님은 이스라엘 집안의 잃어버린 양들을 모으러 찾아 나서는 종말론적인 목자이십니다(루카 15,4-7; 마태 18,12-14; 요한 10,11 이하 참조). '하나로 모음'으로써 하느님의 나라가 모든 민족들에게 선포됩니다. "나는 이렇게 나의 영광을 민족들에게 펼치리니, 모든 민족들이 내가 내린 심판과 그들을 친 나의 손을 보게 될 것이다."(에제 39,21) 예수님은 이러한 예언자적 표징을 정확히 따르십니다. 주님과 친교를 이루도록 부르심 받은 사람들이 보고 믿을 수 있도록 이스라엘 민족을 '하나로 모으는 것'이 그분의 첫걸음이었습니다.

그렇게 열두 사도는 예수님의 사명을 공유하며 그분을 도왔습니다. 그들은 이스라엘 집안의 잃어버린 양들을 찾아 나서고, 선택된 백성들에게 그들의 하나 됨은 만백성을 위한 구원의 상징이고 보편적 계약의 시작임을 선포하였습니다.

　이스라엘로 한정된 예수님과 열두 사도의 초기 제약성은 메시아의 보편적 개방성에 대한 왜곡이 아니라 예언자적 상징이었습니다. 이 상징성은 그리스도의 수난과 부활 이후 분명해졌습니다. 사도적 사명의 보편적 성격이 더욱 명확해진 것입니다. 그리스도는 사도들을 "모든 피조물에게"(마르 16,15), "모든 민족들"(루카 24,47; 마태 28,19)에게, 그리고 "땅 끝에 이르기까지"(사도 1,8) 파견하셨습니다.

　이 사명은 지금도 계속되고 있습니다. 당신 사랑의 일치 안에서 인류를 하나로 모으라는 주님의 말씀은 여전히 유효합니다. 주님이신 예수 그리스도와의 친교 안에서 이러한 보편적 사명을 위하여, 문화적 다양성 가운데서도 참된 일치를 위하여 헌신하는 것이 우리의 바람이며 또한 우리의 사명입니다.

2006년 3월 22일

'친교'의 선물

형제자매 여러분,

사람이 되신 하느님의 아드님께서 모으신 공동체는 교회의 사도적 소임을 통하여 모든 이들을 초대합니다. 그리고 아버지의 구원이 실재하는 그리스도와의 친교 그리고 성령과의 친교로써 그 공동체는 시간의 흐름 속에서 여전히 살아 있습니다.

베드로 사도의 세 번째 후계자인 클레멘스 교황이 1세기 말에 이야기한 것처럼, 열두 사도는 그들에게 맡겨진 소임을 지속시키는 후계자를 세우는 데《코린토인들에게 보낸 서간), 42,4 참조) 어려움을 겪었습니다. 처음부터 합당한 사목자들의 지도 아래 형성된 교회는 삼위일체적 친교를 드러내는 친교의 신비로서 세상 속에서 시대를 살아왔습니다.

바오로 사도는 교우들에게 인사할 때 이러한 거룩한 삼위일체적 원천에 대해 이야기합니다. "주 예수 그리스도의 은총과 하느님의 사랑과 성령의 친교가 여러분 모두와 함께하기를 빕니다."(2코린 13,14)

초대 교회의 기도에서 비롯된 이 문장은, 예수 그리스도를 통하여 성부가 조건 없이 주신 선물인 성령에서 비롯되는 친교가 어떻게 인식되고 표현되는지를 강조합니다. 이 문장에 나타난 세 위격적 동등성에 대한 해석은 성령의 특별한 선물, 성부께서 주시는 사랑의 열매, 주님이신 예수님의 은총으로서 '친교'를 제시합니다.

더 나아가 형제적 친교에 강조를 둔 이 구절을 통해 우리는 하느님 생명에 '참여한다'는 의미에서 성령과의 친교 Koinonia뿐만 아니라 교회의 설립자이며 근본 원리이신 성령(필리 2,1 참조)께서 주시는 믿는 이들 사이의 '친교' 역시 이해할 수 있습니다.

어떤 사람들은 그리스도, 성부, 성령을 개별적으로 언급하면서 은총, 사랑 그리고 친교가 구원을 위한 하나의 신적 행위의 상이한 측면이라고 말할 수도 있습니다. 이러한 하느님의 움직임이 교회를 만듭니다. 그리고 3세기경 치프리아노 성인이 말한 것처럼 '성부와 성자와 성령의 일치로 하나 된 백성'(《주님의 기도 해설》, 23; PL 4,553, cit. 〈교회 헌장〉, 4항 참조)의 교회를 만듭니다.

친교가 삼위일체적 생명의 참여라고 이해하는 시각은 요한 복음서에 명확하게 그려집니다.

요한 복음서에 따르면, 성자와 성부가 하나이듯이 사람들이 하나 되도록 해 주는 사랑의 친교는 제자들이 나눈 형제적 친교의 원형이자 근원입니다. "내가 너희를 사랑한 것처럼 너희도 서로 사랑하여라."(요한 15,12; 13,34 참조) "그들이 모두 하나가 되게 해 주십시오. …… 우리가 하나인 것처럼."(요한 17,21-22) 이렇게 사랑의 친교는 삼위일체 하느님과의 친교, 사람들 사이의 친교가 됩니다.

제자들은 이미 지상에서 성자와의 친교를 통해 그분과 성부의 생명에 참여하였습니다. "우리의 친교는 아버지와 또 그 아드님이신 예수 그리스도와 나누는 것입니다."(1요한 1,3)

하느님과 그리고 사람들과 친교를 이루는 이러한 삶은 복음 선포의 궁극적 목적이자 그리스도교적 회심의 목적입니다. "우리가 보고 들은 것을 여러분에게도 선포합니다. 여러분도 우리와 친교를 나누게 하려는 것입니다."(1요한 1,3)

따라서 이러한 이중적인 친교, 곧 하느님과의 친교 그리고 사람들 사이의 친교는 분리될 수 없습니다. 성부, 성자, 성령과의 친교인 하느님과의 친교가 무너지면, 사람들 사이의 친교의 뿌리와 근원 역시 무너집니다. 또한 우리가 친교를 살아가지 않는다면 삼위일체 하느님과의 친교 역시 살아 있지도, 진실하지도 않습니다.

더 나아가 성령의 열매인 친교는 성체로 양육되고(1코린 10,16-17 참조), 다가올 세상에 대한 기대 속에서 형제적 관계로 나타납니다.

성찬례 안에서 예수님은 우리를 양육하시고, 당신과 성

부와 성령 그리고 우리가 서로 하나가 되도록 이끌어 주십니다. 세상을 품어 안는 이러한 일치의 관계망은 다가올 세상에 대한 시대의 희망입니다.

다가올 세상에 대한 기대로 인하여 친교는 또한 매우 현실적인 결과들로 가득합니다. 친교는 고독 속에, 자신 안에 갇혀 있는 우리가 하느님과 하나 되도록, 그리고 우리들 서로가 하나 되도록 이끌어 줍니다. 그렇게 사랑 안에서 나눔의 삶을 살아가는 사람들이 되게 합니다.

개인, 집단, 타인과의 관계에서 겪는 분열과 다툼을 떠올려 보기만 해도 이 선물이 얼마나 위대한 것인지 쉽게 이해할 수 있습니다. 성령 안에서의 일치라는 선물이 실재하지 않는다면, 인류의 분열은 필연적입니다.

친교는 참으로 기쁜 소식입니다. 친교는 오늘날 모든 이들이 마주한 고독을 이겨 내도록 주님께서 주신 치료제입니다. 친교는 삼위일체 하느님의 이름으로 모인 하느님의 백성이 일치 속에서 이해받고 사랑받는 사람들임을 깨닫도록 해 주는 소중한 선물입니다. 사람들 사이를 밝게 비추는 촛불처럼, 친교는 교회를 환히 비추는 빛입니다.

"만일 우리가 하느님과 친교를 나눈다고 말하면서 어둠 속에서 살아간다면, 우리는 거짓말을 하는 것이고 진리를 실천하지 않는 것입니다. 그러나 그분께서 빛 속에 계신 것처럼 우리도 빛 속에서 살아가면, 우리는 서로 친교를 나누게 됩니다."(1요한 1,6-7)

따라서 역사에 기록된 인간적인 약점이 많음에도 불구하고, 교회는 놀라운 사랑의 피조물로서 드러나며 세상 끝 날까지 그리스도를 만나고 싶어 하는 모든 사람들을 위해 존재합니다. 주님은 언제나 교회 안에 현존해 계십니다. 성경은 지나간 과거의 것이 아닙니다. 주님은 과거가 아닌 지금 말씀하고 계십니다. 주님은 오늘 우리에게 말씀하시고, 빛을 밝혀 주시며, 삶으로써 길을 보여 주실 뿐만 아니라, 친교를 선사하시어, 우리가 평화를 마련하고 간구하도록 이끌어 주십니다.

2006년 3월 29일

선물을 간직함

형제자매 여러분,

새롭게 시작된 교리 교육을 통해, 우리는 교회의 기원에 관해 살펴보고 있습니다. 이는 예수님의 본래 계획을 이해하고 또한 변화의 시간을 살아가는 교회의 본질을 파악하기 위한 것입니다. 이렇게 우리는 교회 안에서 살아가는 이유와 새로운 천년기를 살아가야 하는 모습을 이해해 나가고 있습니다.

우리는 초대 교회의 모습을 통해 두 가지 측면을 마주하게 됩니다. 첫 번째 측면은 2세기 말 순교자이자 초기 조직 신학을 정립한 위대한 신학자 리옹의 이레네오 성인이 특별히 강조한 것입니다. 이레네오 성인은 이렇게 말합니다. "어디든 교회가 있는 곳에 하느님의 성령께서도 계십니다. 그리고 하느님의 성령이 머무시는 곳에 교회와 은총이 있습니다. 왜냐하면 성령께서는 진리이시기 때문입니다."(《이단 반박》, III,24, 1: PG 7,966)

성령과 교회는 깊은 유대를 갖고 있습니다. 성령께서는 교회를 세우시고 진리를 선사하십니다. 바오로 사도가 이야기하듯이 그분은 믿는 이들의 마음속에 사랑을 부어 주십니다(로마 5,5 참조).

두 번째 측면을 여기서 발견할 수 있습니다. 성령과의 깊은 유대로 연약한 인간성이 사라지는 것이 아니라는 점입니다. 제자 공동체는 처음부터 진리와 사랑의 은총인 성령께서 주시는 기쁨만이 아니라 신앙 진리에 관한 분열로 겪게 될 시련과 그 후유증 역시도 인식하고 있었습니다.

처음부터 사랑이 실재해 왔고 끝까지 지속되듯이(1요한 1,1 이하 참조), 분열 역시 처음부터 함께했습니다. 오늘날에도 여전히 분열이 자리한다는 사실에 놀라워할 필요는 없습니다. 요한은 첫째 서간에서 이렇게 말합니다. "그들은 우리에게서 떨어져 나갔지만 우리에게 속한 자들은 아니었습니다. 그들이 우리에게 속하였다면 우리와 함께 남아 있었을 것입니다. 그러나 결국에는 그들이 아무도 우리에게 속하지 않는다는 사실이 드러났습니다."(1요한 2,19)

따라서 세상의 일상에서만이 아니라 교회에서도 믿음을, 그에 따른 사랑과 형제애를 잃어버릴 위험이 언제나 실재합니다. 결과적으로 이는 사랑의 교회를 믿고 이러한 위험성을 인식하고 있으며, 구원 선포에서 멀어진 이들과의 친교는 더 이상 가능하지 않다는 사실을 인식하는 사람들이 맡은 특별한 책무입니다(2요한 9-11 참조).

요한의 첫째 서간에는 초대 교회가 친교 안에서도 일어날 수 있는 긴장관계를 충분히 인식하고 있었다는 사실이 잘 나타나 있습니다. 신약 성경에서 요한의 서간보다 그리스도인의 형제적 사랑에 대한 현실과 책임을 더 강조하는 말씀은 없습니다. 하지만 공동체의 구성원이었던 교회의 적대자들에게는 호되게 질책했습니다.

사랑의 교회는 주님이신 예수님이 제자들에게 맡기신 복음에 대한 충실함을 그 무엇보다 우선적으로 이해하고 있는 진리의 교회이기도 합니다. 교회는 진리의 성령으로 말미암아 같은 아버지의 자녀로 이루어집니다. "하느님의 영의 인도를 받은 이들은 모두 하느님의 자녀입니다."(로마 8,14)

그러나 하느님 백성이 일치와 평화 속에서 살아가기 위해서는 지혜와 권위를 갖고 진리 안에서 지키고 이끌어 주는 누군가가 필요합니다. 이것이 사도들에게 요구되는 사명입니다.

여기에 중요한 점이 있습니다. 교회는 온전히 성령의 것이지만 사도적 계승이라는 구조를 가지고 있습니다. 교황, 주교는 사랑과 진리의 교회를 이어 갑니다.

사도행전에 나오는 첫 번째 요약문은 초대 교회의 삶 속에 있는 이러한 가치들을 효과적으로 집약하고 있습니다. "그들은 사도들의 가르침을 받고 친교koinonia를 이루며 빵을 떼어 나누고 기도하는 일에 전념하였다."(사도 2,42) 사도들의 가르침으로 일어난 믿음에서 친교가 비롯됩니다. 친교는 빵을 나누며 기도로 커져 나가고, 형제적 사랑과 봉사로 표현됩니다.

이렇게 우리들은 초대 교회에서 내면적 역동성과 가시적 표현들로 가득 찬 친교의 모습을 볼 수 있습니다. 친교의 선물은 사도적 소임으로 보호되며, 전체 공동체를 위한 선물이 됩니다.

그러므로 사도들과 그 후계자들은 교회에 맡겨진 진리를 보증하는 관리자이며 권위 있는 증거자입니다. 그들은 또한 사랑의 사목자이기도 합니다. 그들의 소임에 이 두 가지 측면이 모두 담겨 있습니다.

봉사는 이처럼 진리와 사랑이시며 주님이신 예수님이 가르쳐 주시고 알려 주신 두 가지 갈릴 수 없는 본성을 지녔습니다. 사도들과 그 후계자들은 이러한 사실을 언제나 기억하고 있어야 합니다. 따라서 그들의 소임은 그 무엇보다도 사랑의 봉사입니다. 자신이 살아가고 소중히 간직하는 사랑은 자신이 지키고 전해 주는 진리와 결코 분리될 수 없습니다.

진리와 사랑은 하느님이 주시는 선물의 두 얼굴입니다. 이 선물이 사도적 소임을 통하여 교회의 보호 속에서 우리에게, 이 시대까지 전해져 오고 있습니다.

삼위일체 하느님의 사랑은 또한 우리를 자유롭게 해 주는 진리(요한 8,32 참조)를 깨닫도록 사도들과 그 후계자들을 통해 이끌어 줍니다.

우리는 초대 교회의 모습을 보면서 사도들의 후계자인 교황과 모든 주교들이 진리와 사랑의 참된 수호자가 될 수 있도록 기도해야 합니다. 수호자가 되어 그들은 그리스도의 참된 사도가 될 것이며, 진리와 사랑인 그분의 빛은 교회 안팎에서 결코 꺼지지 않을 것입니다.

2006년 4월 5일

시대 안에서의 친교: 전통

형제자매 여러분,

여러분의 애정에 감사드립니다. 얼마 전부터 새로 시작한 교리 교육을 통해 우리는 주님께서 바라신 교회의 근본적인 모습을 이해하려 애쓰고 있습니다. 이는 우리의 자리 그리고 그리스도인의 삶을 교회의 거룩한 친교 안에서 더욱 잘 알아듣기 위한 것입니다.

지금까지 우리는 교회적 친교가 성령으로 인하여 비롯되었고 지탱되어 왔으며, 사도적 소임으로 보존되고 성장해 왔음을 살펴보았습니다. 그리고 우리가 '교회'라고 부르는 친교는 어느 특정한 시간 속에 살았던 이들뿐만 아니라 모든 시대과 세대를 품어 안고 있습니다. 따라서 이 친교는 두 개의 보편성을 지니고 있습니다. 모든 믿는 이들과 하나가 되는 동시적 보편성, 그리고 현재와 과거, 미래의 믿는 이들이 거룩한 하나의 친교를 형성하는 통시적 보편성입니다.

성령께서는 역사 안에서 신비의 실재적 현존을 보증해 주십니다. 그분은 시대를 관통하여 현존해 계십니다. 위로자이신 성령으로 인하여, 초대 교회부터 사도적 친교 속에서 살아 숨쉬고 계시는 부활하신 분에 대한 체험은 세대를 이어 언제나 가능합니다. 그 체험은 순례자인 하느님 백성의 믿음, 기도, 친교를 통하여 전해지고 현재화되기 때문입니다.

그렇기에 우리는 부활하신 분과의 만남을 과거의 사건이 아니라 신앙, 전례, 그리고 교회의 삶이라는 현재적 친교 속에서 이어 가고 있습니다. 교회의 사도적 전통은 이러한 전승으로 이루어집니다. 성령의 도움으로 그리스도인의 친교를 근본적인 친교의 영원한 실재로 변화시켜 주는 구원의 조각들을 전함으로써 이루어집니다.

교회의 전통은 초대 교회의 사도들과 제자 공동체의 증언에서 비롯되었기에 '본질적'입니다. 전통은 성령의 인도 아래 신약 성경과 성사 안에서, 그리고 신앙의 삶을 통해 전달됩니다. 교회는 사도적 계승을 통해 교회의 기초이며 법률로서 예수님의 선물인 이러한 전통에 관하여 끊임없이 이야기합니다.

더 나아가 예수님은 공생활 동안 비록 당신의 사명을 이스라엘 집안에 한정시키셨지만, 그 선물이 이스라엘 백성만이 아니라 온 세상과 모든 시대의 사람들을 위한 것임을 분명히 밝혀 주셨습니다.

부활하신 그분은 세상 끝 날까지 당신의 현존과 도움을 약속하시며, 모든 민족들을 제자로 삼으라는 책임을(마태 28,19 이하 참조) 사도들에게 맡기셨습니다(루카 6,13 참조).

구원의 보편성은 부활을 그리스도의 재림 때까지 기억하도록 요구합니다(1코린 11,26 참조). 종말론적 이스라엘의 맏이(마태 19,28 참조)인 사도들의 소임을 통하여, 그리고 새로운 계약의 백성의 삶을 통하여 누가 주님이신 예수님의 구원 현존을 가져올 수 있겠습니까? 그 대답은 분명합니다. 성령이십니다. 사도행전은 성령과 공동체의 일치를 생생하게 보여 줍니다.

위로자이신 성령으로 인하여 사도들과 그 후계자들은 부활하신 분에게서 받은 사명을 시대 안에서 분명하게 깨달을 수 있었습니다. "너희는 이 일의 증인이다. 그리고 보라, 내 아버지께서 약속하신 분을 내가 너희에게 보내 주겠다."(루카 24,48 이하 참조)

"성령께서 너희에게 내리시면 너희는 힘을 받아, 예루살렘과 온 유다와 사마리아, 그리고 땅 끝에 이르기까지 나의 증인이 될 것이다."(사도 1,8) 불가능하게 여겨졌던 이 약속은 이미 사도들의 시대에 이루어졌습니다. "우리는 이 일의 증인입니다. 하느님께서 당신께 순종하는 이들에게 주신 성령도 증인이십니다."(사도 5,32)

사도들의 안수와 기도를 통하여 새로운 복음의 선교사

들을 파견하시는 분은 바로 성령이십니다(사도 13,3 이하; 1티모 4,14 참조). 바오로 사도가 공동체의 원로들을 임명하였다는 구절이 있는 반면(사도 14,23 참조), 그들을 양 떼의 보호자로 세우신 분은 바로 성령이시라고 말하는 부분(사도 20,28 참조)은 꽤 흥미롭습니다.

성령의 움직임과 바오로 사도의 행적은 매우 밀접합니다. 교회를 이끌어 주시는 성령은 교회의 중요한 결단을 내리는 순간에 드러나십니다. 성령의 이러한 안내자적 현존은 특별히 예루살렘 공의회에서 강하게 나타났습니다. "성령과 우리는 …… 결정하였습니다."(사도 15,28)라는 이 구절이 그 확신을 반향합니다. 교회는 "주님을 경외하며 살아가면서 성령의 격려를 받아"(사도 9,31) 성장해 나갔습니다. 이렇게 사도적 소임과 형제적 친교를 통하여 성령께서 불러일으키시고 교회 안에서 드러나게 되는 주 예수님의 현존이 '전통'이라는 신학적 표현이 뜻하는 의미입니다. 전통은 성령을 통하여 당신께서 모으신 공동체와 함께해 주시고 이끌어 주시는 예수님을 단순히 외형적으로 전달하기만 하는 것이 아니라 그 실재적 현존도 의미합니다.

전통이란 사목자를 중심으로 모인 믿는 이들의 친교이며, 초대 교회의 사도적 신앙 체험과 그리스도에 관한 교회의 살아 있는 체험의 관계를 보증해 주시는 성령께서 이끌어 주시는 친교입니다.

다시 말해, 전통은 생명을 불어넣어 주시는 성령의 활동을 통하여 그리스도를 모퉁잇돌로 사도들의 기초 위에 세워진 아버지 하느님의 성전인 교회의 실제적인 연속성입니다. "여러분은 이제 더 이상 외국인도 아니고 이방인도 아닙니다. 성도들과 함께 한 시민이며 하느님의 한 가족입니다. 여러분은 사도들과 예언자들의 기초 위에 세워진 건물이고, 그리스도 예수님께서는 바로 모퉁잇돌이십니다. 그리스도 안에서 전체가 잘 결합된 이 건물이 주님 안에서 거룩한 성전으로 자라납니다. 여러분도 그리스도 안에서 성령을 통하여 하느님의 거처로 함께 지어지고 있습니다."
(에페 2,19-22)

사도들과 그 후임자들이 지켜 온 전통 덕분에 그리스도

의 옆구리에서 흘러나온 생명의 물과 구원의 피는 모든 시대의 모든 이에게 전해집니다. 따라서 전통이란 성령을 통하여 교회 안에서 아버지의 영광을 위하여 우리를 만나고 구원해 주시고 거룩하게 해 주시는 구세주의 영원한 현존입니다.

결론적으로 우리는 전통이 물건이나 이야기 그리고 생명력을 다한 수집품들의 전달이 아니라고 말할 수 있습니다. 전통은 근본과 이어 주는 살아 있는 강물, 본질적인 것이 녹아 있는 물결, 영원의 문으로 이끌어 주는 위대한 강물입니다. 이러한 살아 있는 물결 속에서 복음사가들이 전한 주님의 말씀은 영원히 지속됩니다. "보라, 내가 세상 끝날까지 언제나 너희와 함께 있겠다."(마태 28,20)

2006년 4월 26일

교회의 사도적 전통

형제자매 여러분,

이 교리 교육을 통하여 여러분이 교회가 무엇인지 조금 더 이해할 수 있기를 바랍니다. 지난 시간은 사도적 전통이라는 주제를 살펴보았습니다. 전통이란 골동품을 모아 놓은 상자처럼 물건이나 이야기들의 더미가 아닙니다. 전통은 근원에서 흘러나오는, 곧 그리스도로부터 우리에게 흘러내리는 새로운 생명의 물결입니다. 전통은 우리로 하여금 하느님 역사에 참여하게 합니다.

중요한 주제이기 때문에, 오늘도 이 전통에 대해 살펴보겠습니다. 사실 전통은 교회의 삶에서 참으로 중요합니다.

제2차 바티칸 공의회는 전통이 근본적으로 사도적이라는 관점을 천명합니다. "하느님께서는 온 인류의 구원을 위하여 계시하신 모든 것이 영구히 온전하게 보존되고 모든 세대에 전해지도록 매우 자비로이 배려하셨다. 그래서 지극히 높으신 하느님의 모든 계시를 자신 안에서 이루신 주 그리스도께서는(2코린 1,20; 3,16-4,6 참조) 사도들이 …… 복음을 모든 진리와 윤리 규범의 원천으로 모든 이에게 선포하도록 명하셨다."(《계시 헌장》, 7항)

더 나아가 제2차 바티칸 공의회는 이 모든 것이 충실히 이행되어 왔다고 말합니다. "사도들은 그리스도의 말씀과 행적 그리고 그분과 함께한 공동생활에서 받은 것과 성령의 조언에 힘입어 배운 것을 설교와 모범과 제도로써 전달해 주었다."(7항)

거기에 "사도들과 그 직제자들은 성령의 감도로 구원의 소식을 기록하였다."(7항)라는 말도 덧붙입니다.

사도들은 종말론적 이스라엘의 맏이로서, 또한 선택된

백성의 열두 지파로서, 주님께서 시작하신 '모아들임'을 지속하였습니다. 그리고 무엇보다도 예수 그리스도를 통하여 백성에게 선포된 하느님 나라의 기쁜 소식이라는 선물을 충실히 전달함으로써 그 소임을 다하였습니다.

열둘이라는 숫자는 이스라엘 열두 지파라는 거룩한 근원에 대한 영속성뿐만 아니라, 세상 끝까지 구원을 선포해야 하는 소임의 보편적 목적도 나타냅니다.

이는 히브리 세계에서 숫자가 갖는 상징적 가치를 통해서도 이해할 수 있습니다. 열둘은 완전한 숫자인 셋과 온 세상을 뜻하는 넷을 곱한 숫자입니다.

복음 선포로 태어난 공동체는 처음으로 주님을 만나고 그분의 파견을 받은 이들의 선포로 부르심을 받게 되었다는 것을 인식하였습니다. 공동체는 사도들의 가르침을 따랐을 뿐 아니라 그 후계자들의 말씀 선포와 친교의 봉사를 통해 하나가 되어 간다는 것을 알게 되었습니다. 결과적으로, 공동체는 성령께서 알려 주신 주님의 실재적인 현존과 더불어 파스카 신비라는 '기쁜 소식'을 이웃에게 전하는 데 헌신해야 함을 깨닫게 되었습니다.

이러한 점은 바오로 사도의 서간에서 분명하게 강조됩니다. "나도 전해 받았고 여러분에게 무엇보다 먼저 전해 준……."(1코린 15,3) 이는 매우 중요합니다. 잘 알려진 것처럼 그리스도의 직접적인 부르심을 받은 바오로 사도에게도 역시 자신이 전해 받은 복음의 정통성은 근본적으로 중요한 것이었습니다. 그는 새로운 그리스도교, '바오로'의 그리스도교를 '만들려' 하지 않았습니다. 그렇기 때문에 "나도 전해 받은 것을 여러분에게 전해 줍니다."라고 말한 것입니다. 그는 주님에게서 받은 선물과 구원의 진리를 전해 주었습니다.

그래서 바오로 사도는 자신의 삶이 마무리되어 갈 때 티모테오 사도에게 이렇게 썼습니다. "우리 안에 머무르시는 성령의 도움으로, 그대가 맡은 그 훌륭한 것을 지키십시오."(2티모 1,14)

200년경 테르툴리아누스가 그리스도교 신앙에 대해 쓴 오래된 증언 역시 이를 효과적으로 보여 줍니다. "유다 지방에서 예수 그리스도에 대한 신앙을 증거하고 (그곳에) 교회의 기초를 마련한 이후, 사도들은 세상을 향해 나아가 민족들에게 일치된 신앙의 교의를 선포하였습니다. 그들은 마찬가지로 모든 도시에 교회를 세웠고, 차례차례 세워진 그 모든 교회들이 신앙의 전통과 교의의 씨앗을 원천으로 삼아 교회 공동체가 되어 갈 수 있도록 이끌어 주었습니다. 사실 이러한 모습을 통해 사도적 교회의 후손으로서 그들은 스스로를 사도적이라고 생각할 수 있었을 것입니다."(〈이단자 변론 기각〉, 20; PL 2,32)

제2차 바티칸 공의회는 말합니다. "사도들에게서 전해진 것 안에는 하느님 백성의 삶을 거룩하게 이끌고, 신앙을 키우는 데 기여하는 모든 것이 포함된다. 그리하여 교회는 자신의 가르침과 생활과 예배를 통하여 그 자신의 모든 것과 그리고 그 자신이 믿는 모든 것을 영속시키며 모든 세대의 사람들에게 전달한다."(〈계시 헌장〉, 8항)

교회는 기도, 삶 그리고 가르침을 통하여 자신의 실존과 신앙 모두를 전해 줍니다.

따라서 전통은 사도들의 독특하고 되풀이할 수 없는 체험의 풍성함이라는 본질을 바탕으로 선포한 살아 있는 복음입니다. 그들의 활동을 통하여 믿음은 다른 이들에게, 우리에게, 그리고 세상 끝 날까지 전해집니다. 그러므로 전통은 공시적이며 통시적으로 근본적인 체험을 공유한다는 동일성 속에서 사도들과 그 후계자들의 중재를 통해 교회의 역사 속에서 움직이시는 성령의 역사입니다.

이는 1세기 말 무렵 로마의 클레멘스 성인이 말한 그대로입니다.

"사도들은 주 예수 그리스도, 즉 하느님께서 보내신 예수 그리스도로부터 전해 받은 복음을 우리에게 선포했습니다. 그러므로 하느님께서는 그리스도를, 그리스도께서는 사도들을 보내셨습니다.

따라서 이 두 가지 선택은 하느님의 의지에 따라 순차적인 방식으로 이루어졌습니다. …… 사도들은 또한 주님이신 예수 그리스도를 통하여 주교 직무를 수

행하는 데에 다툼이 있을 수 있다는 것도 알고 있었습니다.

　이러한 이유로 그들은 이러한 일을 충분히 예견할 수 있었던 만큼 이미 이름이 알려진 이들을 (사목자로) 지목한 후 다툼이 잦아들었을 때, 후계자로 승인하라는 가르침을 주었습니다."(〈코린토인들에게 보낸 서간〉, 42,44: PG I, 292,296)

　이러한 봉사의 끈은 오늘날까지도 계속되어 왔고 세상 끝 날까지 지속될 것입니다. 예수님이 사도들에게 위임하신 권한은 그들의 후임자들에게 전달되었습니다. 사도들은 특별하고 일회적이었던 그리스도와의 개인적인 만남이라는 체험을 넘어 세상으로 나아가기 위해 주님에게 받은 권한을 후임자들에게 넘겨준 것입니다. '사도'라는 말은 바로 '파견되었음'을 의미하는 그리스어 아포스텔레인 apostellein에서 유래하였습니다.

　마태오 복음서의 본문에서 볼 수 있는 것처럼(마태 28,19

이하) 사도적 위임권은 사목적 봉사("가서 모든 민족들을 제자로 삼아"), 전례적 봉사("세례를 주고), 예언자적 봉사("내가 너희에게 명령한 모든 것을 가르쳐 지키게 하여라."), 그리고 주님과의 친밀함 속에서 세상 끝 날까지 계속되어야 하는 봉사("보라, 네가 세상 끝 날까지 언제나 너희와 함께 있겠다.")를 뜻합니다.

사도들과는 다르지만, 우리 역시 부활하신 주님의 현존을 체험합니다.

그리스도께서는 사도적 소임을 통해 믿음의 부르심을 받은 이들에게 다가가십니다. 그렇게 시간의 간극은 그 힘을 잃었고, 부활하신 주님은 우리를 구원하기 위하여 교회와 세상 안에서 스스로를 내어 주고 계십니다.

이는 우리에게 크나큰 기쁨이 됩니다. 그리스도께서는 전통의 살아 있는 물결 속에서 지금 우리 가운데 참으로 현존해 계십니다. 그리고 진리와 미래를 향한 길을 찾아 나설 수 있도록 우리에게 빛을 건네 주고 계십니다.

2006년 5월 3일

'하느님의 시선'으로

형제자매 여러분,

지난 두 번의 일반 알현 시간에 우리는 교회의 전통이란 당신 백성 안에 살아 계신 예수님의 말씀과 생명의 항구적인 현존이라는 것을 살펴보았습니다. 하지만 말씀이 현존하기 위해서는 사람이, 곧 증거자가 필요합니다.

따라서 다음과 같은 상호성이 요구됩니다. 말씀은 사람을 필요로 하고, 증거자인 사람은 스스로 지어 낸 것이 아닌, 자신에게 맡겨진 말씀에 사로잡혀야 합니다. 하느님의 말씀 혹은 주님의 생명이라는 내용과 증거자 사이에 일어나는 이러한 상호성은 교회의 구조적 특성입니다. 오늘은 이러한 교회의 개인적 차원에 대해 알아보고자 합니다.

지금까지 살펴본 것처럼, 주님께서는 하느님 백성의 상징으로서 열두 사도를 부르시어 교회를 세우셨습니다. 주님께서 승천하신 이후, 열두 사도는 우선 유다의 빈자리에 마티아를 선임하여(사도 1,15-26 참조) 그 숫자를 유지했으며, 자신들에게 맡겨진 소임을 다해 다른 이들을 끊임없이 모아들였습니다.

부활하신 주님은 직접 바오로를 부르셨습니다(갈라 1,1 참조). 주님의 부르심으로 사도가 된 바오로는 자신의 복음을 사도들의 복음에 비추어 살펴보았으며(갈라 1,18 참조), 자신이 전해 받은 복음을 전해 주기 위해 고심하였습니다(1코린 11,23; 15,3-4 참조). 바오로 사도는 선교사로서의 사명에 헌신하는 가운데 바르나바와 같은 이들과 함께(갈라 2,9 참조) 사도들에게 협력했습니다.

사도들이 부활하신 분의 부르심과 파견으로 사도가 된 것처럼, 부르심과 파견은 성령의 능력을 통하여 서품된 이들에 의해서 지속됩니다. 이는 주교episcope의 소임으로 이해됩니다.

여기서 '주교'의 의미를 간략하게 설명하는 것이 유용할 듯싶습니다. 주교는 희랍어 에피스코포스episcopos의 번역어입니다. 이 단어는 하늘의 시선을 가진 사람, 마음으로 보는 사람을 뜻합니다. 베드로 사도가 자신의 서간에서 "영혼의 목자이시며 보호자"(1베드 2,25)라고 예수님을 주교(감독자)로 부른 이유가 여기에 있습니다.

사도들의 후계자들은 첫 번째 주교이자 영혼의 목자이시며 보호자이신 주님을 따라 주교들episcopoi이라고 불렸습니다. '주교'의 역할이 그들에게 맡겨진 것입니다. 이 특별한 역할은 주교, 사제, 부제의 세 가지 직무 형태를 취할 때까지 점진적으로 발전했습니다. 이러한 직무 형태에 대해서는 안티오키아의 이냐시오 성인이 이미 2세기 시작 무렵 증언한 바 있습니다(〈마그네시아인들에게 보낸 서간〉, 6, 1: PG 5,668).

성령께서는 다양한 체험들, 카리스마적이고 직무적인

양식들에 대한 사도적 계승의 참된 형식을 고민하는 초대 교회를 이끌어 주셨습니다.

이렇게 주교직의 승계는 사도적 소임의 연속성으로서, 주님께서 맡겨 주신 사도적 전통과 말씀 그리고 영원한 생명에 대한 보증으로서 제시됩니다. 주교단과 사도단의 관련성은 무엇보다도 역사적 연속성의 맥락에서도 살펴볼 수 있습니다.

마티아 사도를 선두로 바오로 사도와 바르나바가 열두 사도에 합류하였으며, 이후 2세대와 3세대에 이르기까지 많은 이들이 주교의 소임을 수행해 나갔습니다.

이러한 역사적 고리 속에 연속성이 자리합니다. 교회의 이러한 연속성은 사도단에 대한 그리스도의 보증이 바탕을 이룹니다.

그러나 직무의 역사적 연속성 역시 영성적 차원에서 이해해야 합니다. 왜냐하면 주교직의 승계는 성령의 활동과 전달을 위한 직무로 인식되어야 하기 때문입니다.

리옹의 이레네오 성인이 기록한 문헌(2세기 중반)에서 이러한 확신을 분명하게 찾아볼 수 있습니다. "그것은 모든 권한에 …… 모든 교회 안에 자리하고 있습니다. 진리를 찾고, 온 세상을 통하여 드러나는 사도들의 전통을 명확하게 인식하려는 사람이 바라는 바입니다. 또한 우리는 사도들에 의해 교회 안에서 주교로 세워진 이들과 그들의 후계자들을 헤아려 볼 수 있습니다. (사도들은) 그들에게 자리를 내어 주면서 자신들의 후계자로 지목한 이들이 모든 면에서 완벽하고 흠 없는 이들이기를 바랐습니다. 그들이 정직하게 자신들의 역할을 수행해 나간다면 그들은 커다란 은총이 될 것입니다. 하지만 그들이 타락한다면 이보다 더한 재앙은 없습니다."(《이단 반박》, III,3, 1: PG 7,848)

주님 말씀의 영속성에 대한 보증으로서 직무 승계의 이러한 관계를 지적하는 이레네오 성인은 "가장 위대한 사도인 베드로와 바오로에 의해 로마에 세워지고 체계화되어 참으로 위대하며 역사적이고 보편적이라고 알려진 교회"에 관심을 두었습니다. 그는 주교직 승계를 통하여 사도들로부터 전해진 신앙의 전통을 강조하는 교회에 관심을 갖고 있었습니다.

이레네오 성인과 보편 교회에게 이러한 로마 교회의 주교 승계는 지속적인 신앙전승에 대한 상징이자 기준이며 보증이 되었습니다. "왜냐하면 최고의 권위propter potiorem principalitatem와 관련하여 보편 교회는 사도 전승이 이어지는 그 어디에서든 믿는 이들이 교회라는 사실에 동의해야 하는 필요성의 문제이기 때문입니다."(《이단 반박》, III,3, 2: PG 7,848)

그러므로 로마 교회와의 친교라는 기초 위에 세워진 주교 승계는 초대 교회에서부터 전해져 내려온 공통된 신앙의 전통으로서, 지역 교회의 영속성에 대한 기준이 됩니다. "이러한 규정과 계승으로 인해 사도들로부터 비롯된 교회 전통과 진리의 가르침이 우리에게 전해져 내려옵니다. 이는 사도들로부터 오늘에 이르기까지 교회 안에서 보존되고 진리로 전해 받은 하나이고 동일하며 살아 있는 신앙이 있다는 가장 강력한 증거입니다."(《이단 반박》, III,3, 3: PG 7,851)

초대 교회의 증언에 따르면, 그리스도와 교회가 실재적이고 영성적으로 결합되었다는 사도들의 가르침과 실천에 대해 신뢰함으로써 교회가 지닌 친교의 사도적 특성이 마련됩니다. 주교 직무의 승계는 사도들의 증언에 대한 성실한 전달을 보증하는 하나의 수단입니다.

예수님과 초대 교회의 관계에서 사도들이 상징하는 것은 초대 교회와 현대 교회의 관계에서 주교 직무 승계가 상징하는 것과 동일합니다. 그것은 단순히 물리적인 연속이 아닙니다. 오히려 그것은 성령께서 안수와 기도로 주교로 서품된 이들을 통해 당신 백성의 머리이신 예수님께서 현존하시도록 마련하신 역사적 장치입니다.

결과적으로 그리스도께서는 주교 직무 승계를 통해 우리에게 다가오십니다. 그분은 사도들의 가르침과 후계자들을 통해 우리에게 말씀하십니다. 그리고 그들의 손을 통해 성사 안에서 활동하십니다. 그들의 눈길로 우리를 품어 안으시고, 우리가 사랑받고 하느님 마음에 드는 사람이라고 느끼도록 해 주시는 분이 바로 그리스도이십니다. 처음과 마찬가지로 오늘날에도 여전히 그리스도께서는 영혼의 참된 목자이시며 보호자이시기에 우리는 그분을 깊은 신뢰와 감사 그리고 기쁨으로 따릅니다.

2006년 5월 10일

어부 베드로

형제자매 여러분,

우리는 새로운 교리 교육을 통해 교회가 무엇이며, 주님께서 당신의 새로운 가족을 어떻게 이해하셨는지 알아보았습니다. 그럼으로써 교회는 백성 안에서 실존한다는 사실과 주님께서 새로운 현실인 교회를 열두 사도에게 맡기셨다는 것을 알게 되었습니다. 이제부터는 열두 사도를 통하여 교회를 체험한다는 것이 무엇을 의미하는지, 그리고 예수님을 따른다는 것이 의미하는 바가 무엇인지 이해하고자 합니다. 열두 사도를 한 사람씩 살펴봅시다. 베드로 사도부터 시작해 봅시다.

베드로 사도는 신약 성경에서 예수님 다음으로 유명하고 자주 언급되는 인물입니다. 그는 베드로Petros, 즉 '반석'이라는 별명으로 154차례 언급됩니다. 이 이름은 셈 족 이름인 케파Cephas의 그리스어 번역으로, 예수님께서 그에게 직접 지어 주셨습니다. 그리고 케파라는 이름은 바오로 사도의 서간에 9차례 나타납니다. 다음으로 빈번하게 발견되는 이름은 시몬Simon으로 75차례 언급됩니다. 이 이름은 그의 원래 히브리 이름인 시메온Symeon(사도 15,14; 2베드 1,1 참조)의 그리스어 표기입니다.

요한의 아들(요한 1,42 참조) 혹은 아람어로 '요나의 아들, 바르요나'(마태 16,17 참조)인 시몬은 갈릴래아 호수 동쪽의 작은 마을 벳사이다 출신이었습니다(요한 1,44 참조). 시몬 사도의 형제인 안드레아 사도 그리고 필립보 사도 역시 이 마을 출신이었습니다.

베드로 사도는 갈릴래아 지방어를 사용했으며, 다른 형제들과 마찬가지로 어부였습니다. 야고보와 요한 사도의 아버지인 제베대오의 가족들과 함께 그는 겐네사렛 호수에서 소규모로 어업에 종사했습니다(루카 5,10 참조). 따라서 베드로 사도는 어느 정도 안정적인 생활을 영위했으며, 종교적인 열성을, 하느님께서 세상에 개입하시기를 바라는 희망을, 동생과 함께 요한 세례자의 가르침을 들으려고 유다까지 찾아갈 만큼(요한 1,35-42 참조) 강렬한 바람을 품고 있었습니다.

그는 당신 백성의 역사 안에서 움직이시는 하느님의 현존은 확신하였으나, 그 당시 목격되는 사건들 안에서 하느님의 강력한 움직임을 찾아볼 수 없다는 슬픔에 잠겨 있었습니다. 그는 그만큼 신심 깊고 실천적인 유다인이었습니다. 그는 결혼한 사람이었고, 언젠가 카파르나움에 머물렀던 예수님께서 병을 낫게 해 주셨던 그의 장모와 함께 살고 있었습니다(마태 8,14; 마르 1,29; 루카 4,38 이하 참조).

최근 작은 비잔틴 교회의 팔각 모자이크 장식 밑에서 조금 더 오래된 교회 건물이 발굴되었습니다. 그곳에서 베드로 사도에게 봉헌된 것으로 확인된 기도문이 빛을 보게 되었습니다.

　복음서에서는 베드로 사도가 나자렛 사람 예수님의 첫 제자 네 명 가운데 한 명이었음을 알려 줍니다(루카 5,1-11 참조). 모든 랍비들은 다섯 명의 제자를 둔다는 관습에 따라 나자렛 사람에게 다섯 번째 제자가 합류하였습니다(루카 5,27 참조. 그는 레위라고 불리는 사람이었습니다). 예수님은 제자를 다섯 명에서 열두 명으로 늘리셨는데(루카 9,1-6 참조), 이는 그분이 지니신 사명의 새로움을 이야기합니다. 그분은 수많은 랍비들 가운데 한 사람이 아니라, 이스라엘의 열두 지파를 상징하는 종말론적 이스라엘을 모아들이기 위해 오신 분이었습니다.

　베드로 사도는 복음서에서 단호하면서도 충동적인 인물로 묘사됩니다. 그는 무력을 써서라도 자신의 의견을 내세우려 했습니다(올리브 동산에서 칼을 뽑았던 그를 기억합니다. 요한 18,10 이하 참조). 동시에 그는 순진하고 겁이 많으며, 진심 어린 회개를 할 줄 아는 정직한 사람이었습니다(마태 26,75 참조).

복음서는 우리가 베드로 사도의 영적 여정을 뒤따를 수 있도록 도와줍니다. 그 시작은 예수님의 부르심이었습니다. 부르심은 베드로가 어부로서 자신의 일에 열중하던 평범한 날에 일어났습니다. 예수님은 겐네사렛 호수에 계셨고, 군중이 그분의 말씀을 듣고자 주변으로 모여들었습니다. 청중의 규모가 불편을 일으켰습니다. 스승은 호숫가에 대어 놓은 배 두 척을 보셨습니다. 어부들은 배에서 내려 그물을 씻고 있었습니다. 예수님은 시몬의 소유인 배에 오르시어 뭍에서 조금 멀어지게 해 달라고 부탁하셨습니다. 그리고 임시로 마련된 자리에 앉아 군중을 가르치셨습니다(루카 5,1-3 참조). 그렇게 베드로 사도의 배는 예수님의 의자가 되었습니다.

예수님은 말씀을 마치신 다음 시몬에게 이야기하셨습니다. "깊은 데로 저어 나가서 그물을 내려 고기를 잡아라." 이에 시몬이 대답하였습니다. "스승님, 저희가 밤새도록 애썼지만 한 마리도 잡지 못하였습니다. 그러나 스승님의 말씀대로 제가 그물을 내리겠습니다."(루카 5,4-5) 목수였던 예수님은 숙련된 어부가 아니었습니다. 그러나 어부 시몬은 해답이 아닌 신뢰를 요구하는 스승을 믿었습니다.

기적에 대한 그의 반응에서 놀라움과 두려움을 엿볼 수 있습니다. "주님, 저에게서 떠나 주십시오. 저는 죄 많은 사람입니다."(루카 5,8) 예수님은 베드로 사도의 예상을 뛰어넘는 계획을 말씀하시면서, 이를 믿고 따르라고 초대하시며 응답하셨습니다. "두려워하지 마라. 이제부터 너는 사람을 낚을 것이다."(루카 5,10) 베드로 사도는 그때까지도 자신이 언젠가 로마에 갈 것이며 그곳에서 주님을 위해 '사람을 낚는 어부'가 되리라고 상상할 수 없었습니다. 그렇지만 이 놀라운 부르심을 받아들였습니다. 위대한 여정에 참여할 수 있도록 자신을 내놓을 만큼 열린 사람이었기 때문입니다. 그는 자신의 한계를 인식하면서도 그분을 신뢰하였으며 마음속에 품은 바람을 따라나섰습니다. 그렇게 베드로 사도는 '예.'라고, 용기와 마음을 다해 '예.'라고 응답하여 예수님의 제자가 되었습니다.

예수님은 카이사리아 필리피 근처에서 제자들에게 "사

람들이 나를 누구라고 하느냐?"(마르 8,27) 하고 물으셨습니다. 그곳에서 베드로 사도는 자신의 영적 여정에서 중요한 순간을 맞이합니다. 예수님은 소문에 만족하지 않으셨습니다. 그분은 자발적으로 당신과 함께하기로 선택한 이들이 개인적으로 확신을 갖기를 원하셨습니다. 그래서 그분이 물으셨습니다. "그러면 너희는 나를 누구라고 하느냐?"(마르 8,29)

베드로 사도가 제자들을 대표하여 대답하였습니다. "스승님은 그리스도이십니다."(마르 8,29) 이는 메시아라는 말입니다. '살과 피'가 아니라 하늘에 계신 아버지께서 알려 주신(마태 16,17 참조) 베드로 사도의 대답은 신앙 고백이라는 교회의 씨앗을 품고 있습니다. 하지만 베드로 사도는 여전히 메시아라는 단어의 새로운 의미를 이해하지 못하고 있었습니다. 메시아의 사명이 어떤 것인지 근본적인 내용을 이해하지 못했습니다.

베드로 사도는 얼마 뒤에 자신이 바라던 메시아가 하느님의 본래 계획과 아주 다르다는 것을 깨달았습니다. 그는 수난에 관한 말씀에 충격을 받아 예수님이 격하게 반응하실 만큼 반발하였습니다(마르 8,32-33 참조).

베드로 사도가 원한 메시아는 모든 사람에게 권능을 펼쳐 백성의 바람을 충족시켜 줄 '하느님의 사람'이었습니다. 우리 역시 권능을 펼치며 세상을 단숨에 변화시키시는 주님을 바랄지도 모릅니다. 그렇지만 예수님은 스스로를 '인성을 지닌 하느님', 겸손과 고난의 길을 걸음으로써 사람들의 바람을 뒤흔들어 놓는 하느님의 종으로 드러내셨습니다.

이는 우리가 끊임없이 배워야 하는 중요한 선택의 문제입니다. 자신의 바람을 우선시하여 예수님을 거부할 것인지, 아니면 신뢰 속에서 예수님을 받아들여 지극히 인간적인 바람들을 내려놓을 것인지.

베드로 사도는 격정에 사로잡혀서 예수님을 붙들고 반박하였습니다. 이에 예수님은, 마음을 바꾸어 당신을 따르라고 말씀하시며 그의 잘못된 바람을 바로잡아 주셨습니다. "사탄아, 내게서 물러가라. 너는 하느님의 일은 생각하지 않고 사람의 일만 생각하는구나."(마르 8,33) '나에게 길을 알려 주신 것은 너를 위한 것이 아니다. 나는 나의 길을 걸을 것이고 너는 나를 따라야 한다.'라고 말씀하신 것입니다.

그렇게 베드로 사도는 예수님을 따르는 것이 무엇을 의미하는지 알게 되었습니다. 이 일은 창세기 12장과 22장의 아브라함처럼 그에게 두 번째 부르심이 되었습니다. "누구든지 내 뒤를 따르려면 자신을 버리고 제 십자가를 지고 나를 따라야 한다. 정녕 자기 목숨을 구하려는 사람은 목숨을 잃을 것이고, 나와 복음 때문에 목숨을 잃는 사람은 목숨을 구할 것이다."(마르 8,34-35) 이 말씀은 그리스도를 따르는 데 요구되는 규칙입니다. 그는 세상의 참된 가치를 위하여, 영혼을 위하여, 하느님의 현존을 위하여 온 세상을 포기할 수 있어야 했습니다(마르 8,36-37 참조). 어렵지만 베드로 사도는 그 초대를 받아들였고, 스승의 발자취를 따라 자신의 삶을 계속 이어 나갔습니다.

베드로 사도의 여러 사화들과 전반적인 모습은 우리에게 커다란 위로와 교훈을 줍니다. 우리 역시 하느님께 바람들을 갖고 살아갑니다. 자신의 생각과 필요에 따라, 자비로

우시지만 세상에 강력한 힘을 행사하시는 하느님을, 흠 있는 세상을 변화시켜 주실 하느님을 고대합니다.

하느님은 전혀 다른 방식을 선택하십니다. 고통과 겸손을 통한 마음의 변화라는 길을 선택하십니다. 베드로 사도처럼 우리 역시 조금씩 변화해야 합니다. 그리고 예수님을 앞서가는 것이 아니라 뒤따라야 합니다. 우리에게 길을 안내해 주시는 분은 바로 그분이십니다.

따라서 베드로 사도가 우리에게 이야기해 주는 바는 다음과 같습니다. 여러분은 나름의 해법을 갖고 자신이 그리스도교를 변화시킬 수 있다고 생각할 수도 있습니다. 하지만 길을 알고 계시는 분은 주님이십니다. 저에게, 그리고 여러분 모두에게 "나를 따라오너라!" 하고 이르시는 분은 주님이십니다. 예수님을 따르려면 우리는 용기와 겸손을 가져야 합니다. 왜냐하면 예수님은 길이요 진리요 생명이시기 때문입니다.

2006년 5월 17일

사도 베드로

형제자매 여러분,

이 교리 교육 시간을 통해 우리는 교회에 관해 살펴보고 있습니다. 먼저 교회는 백성 안에 살아 있음을 말씀드렸고, 지난주부터는 베드로 사도를 필두로 사도들의 특징을 살펴보기 시작했습니다.

우리는 베드로 사도의 삶에서 중요한 두 가지 사화를 살펴보았습니다. 하나는 갈릴래아 호숫가에서 있었던 부르심이고, 다른 하나는 베드로 사도가 "스승님은 그리스도이십니다."라고 신앙 고백하는 장면입니다. 이 고백은 여전히 부족한 고백, 최초였지만 아직 완성되지 못한 고백이었습니다. 베드로 사도는 부르심을 따르는 '고난'의 길을 나섰습니다. 그리고 이 최초의 고백은 씨앗처럼 피어날 교회의 신앙을 품고 있었습니다.

오늘은 베드로 사도의 삶에서 또 다른 중요한 사건 두 가지를 살펴보고자 합니다. 방금 전 들은 복음에서 주님의 질문에 베드로 성인이 대답하는 빵의 기적 사화와 베드로 사도를 보편 교회의 목자로 세우신 이야기입니다.

빵의 기적 사화부터 시작해 봅니다. 우리는 사람들이 주님의 말씀을 오랫동안 듣고 있었다는 사실을 알고 있습니다. 말씀을 마치시고서 예수님께서 제자들에게 이야기하십니다. "그들은 지쳤고 굶주렸습니다. 우리가 그들에게 먹을 것을 마련해 주어야 합니다." 베드로 사도가 대답합니다. "어떻게 말입니까?" 이때 베드로의 동생 안드레아 사도가 예수님께 빵 다섯 개와 물고기 두 마리를 가진 소년을 데려왔습니다. 제자들이 예수님께 묻습니다. "하지만 그렇게 많은 사람들에게 무슨 소용이 있겠습니까?"

주님은 군중을 앉게 하시고 빵 다섯 개와 물고기 두 마리를 봉헌하셨습니다. 그리고 모든 이의 허기를 채워 주셨습니다. 더 나아가 주님은 베드로를 포함한 사도들에게 남은 음식을 모으도록 명하셨습니다. 열두 광주리가 가득 찼습니다(요한 6,12-13 참조).

사람들은 오랫동안 기다려 온 새로운 '만나', 하늘에서 내려온 빵의 재현처럼 보인 이 기적을 목격하고서 예수님을 임금으로 모시려 했습니다. 하지만 예수님은 받아들이지 않으셨으며, 기도하시려 홀로 산으로 물러가셨습니다. 이튿날 호수 건너편 카파르나움 회당에서 예수님은 군중이 염원하던 세속적 권력으로 이스라엘을 지배하는 왕권에서가 아니라 자신을 내어놓는 선물의 차원에서 그 기적을 설명해 주셨습니다. "내가 줄 빵은 세상에 생명을 주는 나의 살이다."(요한 6,51)

예수님은 십자가를 말씀하십니다. 그 십자가와 함께 참된 빵의 기적인 성체를 말씀하십니다. 이는 완전히 새로운 왕권이며, 백성들의 바람과는 전혀 반대되는 길이었습니다.

빵의 기적도 세속적 권력도 바라지 않는다는 주님의 이러한 말씀을 사람들이 쉽게 받아들일 수 없었다는 것을 우리는 이해할 수 있습니다. '그분이 당신의 살을 내어 주셨다'는 것이 의미하는 바가 무엇입니까?

제자들에게도 마찬가지로 예수님의 말씀은 받아들이기 어려웠을 것입니다. 그 말씀은 우리의 마음과 사고방식에도 '듣기 거북한 말씀'(요한 6,60 참조)이었습니다. 많은 제자들이 그분을 떠났습니다. 그들은 '나의 살을 준다.'라고 말하는 사람이 아니라, 실제로 국가와 이스라엘 민족을 새롭게 할 사람을 원했기 때문입니다.

카이사리아 필리피에서 수난에 관한 예언에 반발했던 베드로 사도에게도 예수님의 말씀은 받아들이기 어려웠을 것입니다. 하지만 예수님이 열두 제자에게 "너희도 떠나고 싶으냐?"라고 물으셨을 때, 베드로 사도는 성령으로 가득 찬 마음으로 응답했습니다.

베드로 사도는 모든 이를 대신하여 그 불멸의 고백으로 응답하였는데, 그 고백은 또한 우리들의 고백이기도 합니다. "주님, 저희가 누구에게 가겠습니까? 주님께는 영원한 생명의 말씀이 있습니다. 스승님께서 하느님의 거룩하신 분이라고 저희는 믿어 왔고 또 그렇게 알고 있습니다."(요한 6,66-69 참조)

베드로 사도는 이 일화에서 카이사리아에서처럼 교회의 그리스도론적인 신앙을 고백하였으며, 다른 사도들과 모든 신앙인의 대변인이 되었습니다. 하지만 이것이 그가 이미 그리스도의 신비를 완전히 이해했음을 의미하지는 않습니다. 그의 믿음은 여전히 신앙 여정의 출발점에 있었습니다. 그의 신앙은 오직 파스카 사건을 통해서만 그 참된 완성에 이를 수 있었습니다.

그럼에도 불구하고 그 또한 이미 신앙이었습니다. 위대한 현실을 향해 열려 있는 신앙이었습니다. 어떤 것에 대한 믿음이 아니라, 누군가에 대한 열려 있는 신앙이었습니다. 그분, 그리스도를 향한 신앙이었습니다.

우리의 믿음 역시 늘 초보적인 수준이지만, 이 위대한 여정을 차분히 걸어가야 합니다. 따라서 올바른 신앙을 갖고 스스로를 예수님께 맡겨 드리는 것이 중요합니다. 왜냐하면 그분은 단순히 길을 알고 계시는 분이 아니라, 그분이 길이시기 때문입니다.

그렇지만 베드로 사도의 즉각적인 고백이 인간적인 연약함과 관련된 위험들에서 자신을 지켜 주지는 못하였습니다. 이는 우리 역시 삶에서 인식할 수 있는 모습입니다. 베드로 사도는 열정적으로 예수님을 따랐습니다. 그는 그리스도를 위해 자신을 희생하는 가운데 믿음의 시련들을 극복하였습니다. 하지만 두려움과 낙담에 빠져든 순간이 다가오자 스승을 배반했습니다(마르 14,66-72 참조).

신앙의 길은 개선행진이 아니라 고통과 사랑, 시련과 신뢰로 점철된 여정입니다. 굳은 신뢰를 약속했던 베드로 사도는 부정의 씁쓸함과 함께 겸손을 알게 되었습니다. 자만심이 가득했던 사람이 겸손에 대해 값비싼 교훈을 얻게 된 것입니다. 베드로 사도 역시 자신이 약한 사람이며 용서가 필요한 사람이라는 것을 배워야 했습니다.

베드로 사도는 태도를 바꾸어 신앙을 가진 죄인으로서

자신이 얼마나 나약했는지 깨닫고 나자, 후회하면서 통한의 눈물을 흘렸습니다. 이러한 슬픔을 겪고 나서야 비로소 그는 사명을 받아들일 준비가 되었습니다.

어느 봄날 아침, 부활하신 그리스도께서는 베드로 사도에게 책임을 맡겨 주셨습니다. 그 만남은 티베리아스 호숫가에서 이루어졌습니다. 요한 복음사가가 예수님과 베드로 사도의 대화를 전해 줍니다. 그 대화에는 아주 중요한 움직임이 있었습니다.

'필레오fileo'라는 그리스 말은 모든 사랑을 포괄하는 단어가 아니라 우정이나 보호자의 애정을 의미합니다. 오히려 '아가파오agapao'라는 단어가 무조건적인 사랑을, 완전하고 조건 없는 사랑을 뜻합니다. 예수님께서 베드로 사도에게 처음으로 물으십니다. 이러한 완전하고 조건 없는 사랑으로 "시몬아, …… 나를 사랑하느냐agapas me?"(요한 21,15)

베드로 사도는 배반의 기억을 가졌기에 분명하게 "저는 당신을 조건 없이 사랑합니다agapo se."라고 대답했어야 했습니다. 하지만 자신의 연약함이 드러난 사건을 통해 불신의 쓰디쓴 슬픔을 뚜렷이 기억하던 그는 겸손되이 말합니다. "주님! 제가 주님을 사랑하는filo se 줄을 주님께서 아십니다." 이는 '저의 보잘것없는 인간적 사랑으로 당신을 사랑합니다.'라는 의미입니다. 그리스도께서 다시 "시몬아, 너는 내가 바라는 이러한 완전한 사랑으로 나를 사랑하느냐?"라고 물으십니다. 그래서 베드로 사도는 "주님, 저는 제가 당신을 사랑할 수 있을 만큼 당신을 사랑합니다Kyrie, filo se."라며 보잘것없는 인간적 사랑의 응답을 반복합니다. 예수님께서 다시 시몬에게 말씀하십니다. "너는 나를 사랑하느냐Fileis me?"

시몬은 자신의 나약한 사랑이 예수님께 합당하다고 생각했습니다. 그 사랑이 감당할 수 있는 유일한 것이었습니다. 그럼에도 그는 주님께서 자신에게 그러한 방식으로 말씀하신 것에 대해 슬퍼했습니다. 그가 대답하였습니다. "주님께서는 모든 것을 아십니다. 제가 주님을 사랑하는filo se 줄을 주님께서는 알고 계십니다."

이는 예수님께서 베드로 사도를 당신에게 맞추려 하지

않으시고, 당신 스스로를 베드로 사도의 눈높이만큼 낮추셨음을 말해 줍니다. 이러한 하느님의 낮추심은 분명히 불신의 아픔을 겪고 있는 제자에게 희망을 안겨 주었습니다.

그리스도를 끝까지 따르도록 이끌어 주었던 신뢰가 여기에서부터 피어났습니다. "예수님께서는 이렇게 말씀하시어, 베드로가 어떠한 죽음으로 하느님을 영광스럽게 할 것인지 가리키신 것이다. 이렇게 이르신 다음에 예수님께서는 베드로에게 '나를 따라라.' 하고 말씀하셨다."(요한 21,19)

그때부터 베드로 사도는 자신의 연약함을 정확히 인식하며 스승을 '따랐습니다.' 하지만 이러한 이해가 그에게 실망을 안겨 준 것은 아닙니다. 사실 그는 자신의 곁에 계신 부활하신 분의 현존을 알고 있었습니다.

초보적인 응답의 순진한 열정에서 시작하여 부정의 비참한 체험과 회개의 눈물을 거치며 베드로 사도는 자신의 빈약한 사랑을 이해해 주시는 예수님에 대한 신뢰를 이어 나갔습니다. 그렇게 그는 우리에게 나약함을 극복하는 방법을 알려 줍니다.

우리는 비록 보잘것없는 사랑으로 그분을 따르고 있지만 예수님은 좋은 분이시고 우리를 받아 주신다는 사실을 알고 있습니다.

교회의 '반석'으로서 책임 있는 증인이 된다는 것은 베드로 사도에게도 기나긴 여정이었습니다. 왜냐하면 성령의 움직임에 지속적으로 열려 있어야 했기 때문입니다.

베드로 사도는 자신을 "그리스도께서 겪으신 고난의 증인이며 앞으로 나타날 영광에 동참할 사람"(1베드 5,1)으로 규정했습니다. 이 글을 썼을 때, 그는 이미 나이가 많았으며 순교로 마무리될 삶의 여정에 있었습니다. 그래서 그는 참된 기쁨을 묘사하며, 그것이 어디에서부터 비롯될 수 있는지를 알려 주고 싶어 했습니다. 그 근원은 어리석지만 진실된 믿음으로 자신의 연약함을 극복해 나가면서 그리스도를 믿고 사랑하는 것입니다.

그래서 베드로 사도는 자신의 공동체 구성원들에게 편지를 썼고, 우리에게도 이야기해 주고 있습니다. "여러분은 그리스도를 본 일이 없지만 그분을 사랑합니다. 여러분은 지금 그분을 보지 못하면서도 그분을 믿기에, 이루 말할 수 없는 영광스러운 기쁨 속에서 즐거워하고 있습니다. 여러분의 믿음의 목적인 영혼의 구원을 얻을 것이기 때문입니다."(1베드 1,8-9)

2006년 5월 24일

베드로, 교회의 반석

형제자매 여러분,

봄부터 시작된 주간 교리 교육 시간입니다. 지난 교리 교육에서는 사도들의 맏이인 베드로 성인에 관해서 말씀드렸습니다. 오늘도 이 위대하고 중요한 교회 인물에 대해서 살펴보겠습니다.

요한 복음사가는 안드레아의 형제인 시몬과 예수님의 첫 만남을 기록하였습니다. "예수님께서 시몬을 눈여겨보며 이르셨다. '너는 요한의 아들 시몬이구나. 앞으로 너는 케파라 불릴 것이다.' '케파'는 '베드로'라고 번역되는 말이

다."(요한 1,42)

예수님께서는 일반적으로 제자들의 이름을 바꾸지 않으셨습니다. 제베대오의 아들들에게 붙은 "천둥의 아들들"(마르 3,17)이라는 별명을 제외하고는 당신 제자 가운데 어느 누구에게도 새로운 이름을 주지 않으셨습니다.

그러나 예수님은 시몬에게 '케파'라는 새로운 이름을 주셨습니다. 이 이름은 이후 그리스어로 '페트로스Petros', 그리고 라틴어로 '페트루스Petrus'라고 번역되었습니다. 이는 단순히 이름만을 의미하는 것이 아니기에 적절한 번역입니다. '페트루스'라는 이름은 주님께 받은 '위임'입니다. 새로운 이름인 '페트루스'는 복음서에서 자주 거론되었으며 마침내 그의 원래 이름인 '시몬'을 대체했습니다.

이름의 변화가 흔히 부르심을 받기에 앞서 이루어지는 (창세 17,5; 32,28 이하 참조) 구약 성경을 염두에 둔다면 이러한 사실은 더욱 특별한 중요성을 지닙니다.

사실 많은 흔적들이 사도단 가운데 베드로 사도에게 특별한 지위를 주고자 하셨던 그리스도의 바람을 보여 줍니다. 카파르나움에서 베드로 사도의 집에 들어가신 일(마르 1,29 참조), 겐네사렛 호숫가로 군중이 몰려들자 정박해 있는 배 두 척 가운데 시몬의 배를 선택하신 일(루카 5,3 참조), 특별한 경우 예수님은 제자 셋을 데려가셨는데 베드로 사도가 언제나 첫자리에 기록된 점, 곧 야이로의 딸을 일으키실 때(마르 5,37; 루카 8,51 참조), 거룩한 변모 때(마르 9,2; 마태 17,1; 루카 9,28 참조), 겟세마니 동산에서 고통을 받으실 때(마르 14,33; 마태 26,37 참조)가 그러합니다. 또한 성전세를 거두는 이가 베드로 사도에게 말하자 스승님께서 당신과 베드로 사도의 몫만을 지불하게 하신 일(마태 17,24-27 참조), 최후의 만찬 때 베드로 사도의 발을 가장 먼저 닦아 주신 일(요한 13,6 참조), 다른 제자들의 믿음을 굳건히 하기 위해 베드로 사도의 믿음이 꺼지지 않도록 그를 위해서 기도하신 일(루카 22,30-31 참조)들도 있습니다.

더 나아가 베드로 사도 역시 자신의 특별한 위치를 자각하고 있었습니다. 그는 자주 다른 이들을 대신하여 이해하기 어려운 예화에 대한 설명(마태 15,15 참조)을, 가르침의 정확한 의미(마태 18,21 참조)를, 보상에 대한 공식적인 약속(마태 19,27 참조)을 요청하였습니다.

모든 이들을 대신하여 당혹스러운 상황을 모면하려 했던 이도 역시 베드로 사도였습니다. 그렇기에 군중들이 생명의 빵에 관한 가르침을 듣고도 이해하지 못하자 예수님이 슬퍼하시며 "너희도 떠나고 싶으냐?" 하고 물으셨을 때, 베드로 사도가 드린 대답에는 단호함이 깃들어 있었습니다. "주님, 저희가 누구에게 가겠습니까? 주님께는 영원한 생명의 말씀이 있습니다."(요한 6,67-69 참조)

마찬가지로 열두 사도를 대신하여 카이사리아 필리피 근처에서 있었던 신앙 고백 역시 결정적인 사건이었습니다. "그러면 너희는 나를 누구라고 하느냐?"라는 예수님의 질문에 베드로 사도가 대답합니다. "스승님은 살아 계신 하느님의 아드님 그리스도이십니다."(마태 16,15-16) 이에 예수님은 마침내 교회에서 베드로 사도의 역할을 규정하는 중요한 말씀으로 응답하셨습니다. "나 또한 너에게 말한다. 너는 베드로이다. 내가 이 반석 위에 내 교회를 세울

터인즉 …… 나는 너에게 하늘 나라의 열쇠를 주겠다. 그러니 네가 무엇이든지 땅에서 매면 하늘에서도 매일 것이고, 네가 무엇이든지 땅에서 풀면 하늘에서도 풀릴 것이다."(마태 16,18-19)

이 구절에서 예수님이 말씀하신 세 가지 은유가 의미하는 바는 명확합니다. 베드로 사도는 교회의 단단한 기초입니다. 합당한 사람들을 위해 하느님 나라의 문을 열고 닫을 수 있는 열쇠를 갖고 있습니다. 마지막으로, 교회의 삶을 위해 필요하다고 생각되는 그 무엇이든 세우고 금지하는 차원에서 맺고 풀 수 있는 권한입니다. 하지만 그 교회는 그리스도의 교회이지 베드로의 교회가 아닙니다.

이러한 면모는 이어지는 고찰에서 '사법적 수위권'이라는 용어로 묘사되는 측면들입니다.

예수님이 베드로 사도에게 맡기고 싶어 하신 이러한 탁월한 지위는 부활 이후에 주어졌습니다. 다른 사도들과 확연히 구분될 만큼, 예수님은 여인들에게 그분이 부활하셨다는 사실을 특별히 베드로 사도에게 전하라고 이르셨습니다(마르 16,7 참조). 막달라 마리아는 베드로와 요한 사도에게 달려가서 무덤을 막았던 돌이 치워져 있다고 전했는데(요한 20,2 참조), 두 사도가 빈 무덤에 이르렀을 때 요한 사도는 베드로 사도가 먼저 들어갈 수 있도록 뒤로 물러나 있었습니다(요한 20,4-6 참조).

베드로 사도는 부활하신 예수님의 발현을 처음으로 목격한 사람이었습니다(루카 24,31; 1코린 15,5 참조). 분명하게 강조되고 있는(요한 20,3-10 참조) 베드로의 역할은 사도단에서의 수위권과 사도행전에서 증언되는 것과 같이(1,15-26; 2,14-40; 3,12-26; 4,8-12; 5,1-11.29; 8,14-17; 10 참조) 파스카 사건으로 태동된 공동체에서도 유지되던 수위권 사이의 연속성에도 그 흔적이 남아 있습니다.

베드로 사도의 행동은 찬사뿐 아니라 비판도 불러일으킬 만큼 중요하게 인식되었습니다(사도 11,1-18; 갈라 2,11-14 참조).

소위 예루살렘 공의회라고 불리는 모임에서 베드로 사도는 지도적인 역할(사도 15; 갈라 2,1-10 참조)을 수행하였으며, 정통 신앙의 증거자가 분명하였기 때문에 바오로 사도 역시 베드로 사도가 '지도자'의 역량을 갖고 있음을 인식하고 있었습니다(1코린 15,5; 갈라 1,18; 2,7 이하 참조).

더 나아가 최후의 만찬 때 그리스도께서 형제들을 돌보는 소임을 베드로 사도에게 맡겨 주셨음을 전해 주는 구절(루카 22,31 이하 참조)은 그에게 맡겨진 소임이 성찬례로 거행되는 파스카 신비의 재현으로 태동된 교회를 구성하는 요소 가운데 하나였음을 알려 줍니다.

베드로 사도의 수위권이 최후의 만찬 때, 즉 주님의 파스카인 성찬례 제정 순간에 주어졌다는 상황 역시 수위권의 궁극적 의미를 알려 줍니다. 베드로 사도는 언제나 그리스도와의 친교를 지키는 수호자가 되어야 했습니다. 그는 백성을 그리스도와의 친교로 이끌어 주어야 했습니다. 그 끈이 끊어지지 않도록 보호해야 했으며, 결과적으로 보편 교회를 지속시켜야 했습니다. 모두가 함께할 때, 우리는 주님이신 그리스도와 함께할 수 있습니다.

따라서 일상생활에서 그리스도의 사랑을 완성하도록 백

성을 인도해야 하는 베드로 사도에게는 그리스도와의 친교, 그분과의 사랑의 친교를 보장해야 하는 책임이 맡겨져 있습니다. 연약한 인간에게 맡겨진 베드로 사도의 수위권이 언제나 주님께서 바라신 본래의 모습으로 실현되어, 그 참된 의미가 지금까지도 우리와 완전한 친교를 이루지 못하는 형제들에게까지 전해질 수 있도록 우리 모두 기도합시다.

2006년 6월 7일

안드레아, 부르심을 받은 첫 사람

형제자매 여러분,

지난 두 번의 교리 교육에서 우리는 베드로 사도의 모습을 살펴보았습니다. 이제부터는 우리가 접근할 수 있는 자료의 범위 내에서 다른 열한 명의 사도들에 관해 살펴보고자 합니다. 오늘은 열두 사도 가운데 시몬 베드로의 형제인 안드레아 사도에 대해서 살펴보겠습니다.

안드레아 사도의 모습에서 인상적인 것은 그의 이름입니다. 그의 이름은 예상과 달리 히브리 말이 아니라 그리스 말입니다. 이는 그의 가족 안에 간과할 수 없는 특정한 문화적 수용성이 흐르고 있음을 알려 줍니다. 갈릴래아는 그리스 말과 문화가 상당히 전개된 곳이었습니다. 안드레아 사도는 마태오 복음서(10,1-4 참조)와 루카 복음서(6,13-16 참조)에서 열두 사도의 명단 가운데 두 번째로 등장합니다. 마르코 복음서(3,13-19 참조)와 사도행전(1,13-14 참조)에서는 네 번째로 등장합니다. 어떤 경우든 그는 분명히 초대 그리스도교 공동체에서 높은 명성을 얻고 있었습니다.

복음서에는 베드로 사도와 안드레아 사도의 부르심뿐만 아니라 그들의 혈연관계 역시 명시적으로 나타나 있습니다. "예수님께서는 갈릴래아 호숫가를 지나가시다가 두 형제, 곧 베드로라는 시몬과 그의 동생 안드레아가 호수에 어망을 던지는 것을 보셨다. 그들은 어부였다. 예수님께서 그들에게 이르셨다. '나를 따라오너라. 내가 너희를 사람 낚는 어부로 만들겠다.'"(마태 4,18-19; 마르 1,16-17)

요한 복음서를 통해 안드레아 사도가 요한 세례자의 제자였다는 사실을 알 수 있습니다. 이는 안드레아 사도가 이스라엘의 희망을 추구하고 공유하던 사람이었음을, 주님의 말씀과 현존을 더욱더 이해하고 싶어 한 사람이었음을 알려 줍니다.

안드레아 사도는 믿음과 희망의 사람이었습니다. 그는 어느 날 요한 세례자가 예수님을 "하느님의 어린양"(요한 1,36)이시라고 외치는 소리를 들었습니다. 그 말이 그를 흔들었고, 안드레아 사도는 이름이 알려지지 않은 다른 제자와 함께 '하느님의 어린양'이라고 불린 그분을, 곧 예수님을 따라나섰습니다. "그들이 함께 가 예수님께서 묵으시는 곳을 보고 그날 그분과 함께 묵었다."(요한 1,37-39 참조)라고 복음사가는 전합니다.

그렇게 안드레아 사도는 예수님과의 소중한 친밀의 순간을 가졌습니다. 그 만남에 하나의 중요한 해석이 이어집니다. 즉 사도로서 범상치 않은 면모가 드러나게 됩니다. "요한의 말을 듣고 예수님을 따라간 두 사람 가운데 하나는 시몬 베드로의 동생 안드레아였다. 그는 먼저 자기 형 시몬을 만나, '우리는 메시아를 만났소.' 하고 말하였다. '메시아'는 번역하면 '그리스도'이다. 그가 시몬을 예수님께 데

려가자……."(요한 1,40-43)

안드레아 사도는 부르심을 받은 첫 번째 사도였습니다. 바로 이러한 이유로 비잔틴 교회에서는 그를 '부르심 받은 첫 사람'이라는 의미를 지닌 '프로토클레토스Protokletos'라는 애칭으로 공경합니다.

베드로와 안드레아 사도의 가족적 유대로 인하여 로마 교회와 콘스탄티노플 교회 역시 서로를 자매 교회로 느끼고 있었음이 분명합니다. 이러한 관계를 강조하기 위하여 전임자이신 바오로 6세 교황은 1964년 바티칸 성전에 모셔져 있던 안드레아 성인의 유해를 사도가 십자가형에 처해진 곳이라고 알려진 그리스 파트라스의 정교회에 되돌려 드렸습니다.

성경은 안드레아 사도의 이름을 세 번의 특별한 순간에 언급하면서 그에 관하여 더욱 많은 것을 알려 줍니다. 첫 번째는 갈릴래아에서 있었던 빵의 기적입니다. 빵 다섯 개와 물고기 두 마리를 가진 소년을 예수님께 데려간 사람이 안드레아 사도였습니다. 그는 거기에 모인 군중을 위해 그렇게 보잘것없이 작은 것에 주목했습니다(요한 6,8-9 참조).

이 사화에서는 안드레아 사도의 현실적인 면모가 부각됩니다. "저렇게 많은 사람에게 이것이 무슨 소용이 있겠습니까?"(요한 6,9)라며 그 작은 방편이 지닌 부족함을 인식하면서도 그는 그 소년을 알아보았습니다. 예수님은 당신 말씀을 듣기 위해 모인 군중을 위해 그 작은 방편을 어떻게 충분하게 만들지 알고 계셨습니다.

두 번째 일화는 예루살렘에서 있었습니다. 도성을 떠나면서 성전을 지탱하는 거대한 성벽의 절경에 감탄하는 그에게 예수님이 관심을 보이셨습니다. 스승의 반응은 놀라웠습니다. 그분은 돌 하나도 다른 돌 위에 남아 있지 않고 다 허물어지고 말 것이라고 말씀하셨습니다. 그래서 베드로, 야고보, 요한 사도와 함께 안드레아 사도가 예수님께 물었습니다. "그런 일이 언제 일어나겠습니까? 또 그 모든 일이 이루어지려고 할 때에 어떤 표징이 나타나겠습니까?"
(마르 13,1-4 참조)

이 질문에 예수님은 예루살렘의 멸망과 세상의 종말에

관해 중요한 가르침을 주셨습니다. 그분은 시대의 징표를 읽을 수 있는 현명함과 끝까지 견디어 내는 굳셈을 당신 제자들에게 요구하셨습니다.

이러한 일화를 통해 우리는 예수님께 물어보기를 두려워해서는 안 되고, 또한 그분의 가르침이 놀랍고 어렵더라도 받아들일 준비가 되어 있어야 한다는 것을 배울 수 있습니다.

마지막으로, 안드레아 사도의 독특한 세 번째 면모가 복음서에 기록되어 있습니다. 장소는 예루살렘이었고, 주님께서 수난을 맞이하시기 직전이었습니다. 파스카 축제를 위해 몇몇 그리스인들이 도성으로 올라왔다고 요한 복음사가는 말합니다. 그들은 아마도 개종자였거나 파스카 축제 때 이스라엘의 하느님께 기도드리기 위해 도착한 이들로 하느님을 두려워할 줄 아는 사람들이었을 것입니다. 그리스 이름을 지닌 안드레아와 필립보 사도는 이 소규모 그리스인들의 통역이자 중개자였습니다.

요한 복음서에서 자주 나타나는 것처럼 질문에 대한 주

님의 대답은 수수께끼처럼 보였을 것입니다. 그러나 이러한 방식에서야 그 의미를 완전히 이해할 수 있습니다. 예수님은 두 제자에게 말씀하셨고, 그들을 통하여 세상에 말씀하셨습니다. "사람의 아들이 영광스럽게 될 때가 왔다. 내가 진실로 진실로 너희에게 말한다. 밀알 하나가 땅에 떨어져 죽지 않으면 한 알 그대로 남고, 죽으면 많은 열매를 맺는다."(요한 12,23-24)

예수님은 이렇게 이야기하고 싶어 하셨을 것입니다. "그렇습니다. 그리스인들과의 만남이 이루어질 것입니다. 하지만 그것은 나와 몇몇 사람 사이에 이루어지는 단순하고 가벼운 대화가 아니라 무엇보다도 호기심에서 비롯된 만남입니다. 내 영광의 순간은 밀알 하나가 땅에 떨어지는 것에 비교될 수 있는 나의 죽음과 함께 도래할 것입니다. 십자가에서의 죽음은 많은 열매를 맺을 것입니다. 십자가에 못 박힌 나를 상징하는 '밀알의 죽음'은 세상을 위한 생명의 빵이 될 것입니다. 민족과 겨레를 위한 빛이 될 것입니다."

그렇습니다. 그리스 정신, 그리스 세계와의 만남은 밀알

이 이야기해 주는, 하늘과 땅의 기운이 만나 빵이 될 수 있는 그 심오함 속에서 성취될 것입니다.

다시 말해 예수님은 당신 파스카의 열매로서 그리스인들의 교회, 이방인들의 교회, 세상의 교회에 관하여 예언하신 것입니다.

몇몇 전승에서는 안드레아 사도를 예수님과 그리스인들의 통역으로 보았을 뿐만 아니라, 성령 강림 이후에는 그리스인들을 위한 사도로 인식했습니다. 이는 그가 자신의 여생을 그리스 세계에서 예수님을 전하는 선교사이자 설교가로 살았음을 우리에게 알려 줍니다.

그의 형제인 베드로 사도는 예루살렘에서 시작하여 안티오키아를 거쳐 로마에 이르기까지 자신의 사명을 수행하기 위한 길을 나섰습니다. 반면 안드레아 사도는 그리스 세계의 사도가 되었습니다. 그렇게 그들은 살아서도 죽어서도 참된 형제로서의 모습을 보여 주었습니다. 그 형제애는 진정한 자매 교회인 로마 교회와 동방 교회의 상호적 관계 속에서 상징적으로 표현되고 있습니다.

앞서 말씀드린 것처럼 후기 전승은 파트라스에서 매우 고통스러운 십자가의 고문으로 안드레아 사도가 죽음을 맞이했다고 전해 줍니다. 그는 형제인 베드로 사도와 마찬가지로 예수님의 십자가와는 다른 모습의 십자가에 못 박히게 해 달라고 청했습니다. 그의 십자가는 대각선 혹은 x자형이었습니다. 그래서 그런 모양의 십자가는 '안드레아 성인의 십자가'로 알려져 있습니다.

〈안드레아의 수난〉이라는 제목의 오래된 이야기(6세기 초반) 속에 사도가 당시 그렇게 요청한 이유가 전해집니다.

오, 십자가여 찬미받으소서. 그리스도의 몸으로 새롭게 시작되었으며 값진 진주와 같은 그분의 팔과 다리로 장식된 십자가. 주님께서 너를 세워 주시기 전에 너는 세상의 두려움을 불러일으켰도다. 그러나 하느님의 사랑이 가득 담긴 너는 이제 선물이 되었구나.

믿는 이들은 네가 가진 그 커다란 기쁨과 네가 준비한 그 수많은 선물을 알고 있도다. 그래서 나는 당당히 그리고 기쁘게 너에게 다가가는도다. 너에게 달리셨던 그분의 한 제자로서 너 역시 나를 환호하며 받아들일 수 있기를 …… 오, 복된 십자가여 주님의 팔과 다리로 장엄함과 아름다움의 옷을 입은 십자가! …… 나를 데려가 다오, 나를 사람들에게서 멀리 데려가 내 스승님께 나를 다시 세워 다오. 너를 통하여, 너로써 나를 구원해 주신 그분께서 나를 받아 주시도록. 오, 십자가여 찬미받으소서. 참으로 찬양받으소서!

이 이야기에는 아주 근본적인 영성이 담겨 있습니다. 그는 십자가를 수난의 도구가 아니라 땅에 떨어진 밀알과 같이 구세주를 온전히 드러내는 유일한 수단으로 이해했습니다.

여기에 우리가 배워야 하는 매우 중요한 가르침이 담겨 있습니다. 우리가 저마다 짊어져야 하는 십자가를 그리스도께서 지신 십자가의 한 부분으로 이해하고 받아들인다면, 그분 빛의 조각이 우리의 십자가에 비춰져, 그 가치가 더해집니다.

십자가를 통해서 우리의 고통은 소중한 것이 되고 그 참된 의미를 얻게 됩니다.

그러므로 안드레아 사도는 망설임 없이 예수님을 따르는 법(마태 4,20; 마르 1,18 참조)을, 이웃에게 그분에 관하여 열정적으로 이야기하는 법을, 더 나아가 그분 안에서 삶과 죽음의 궁극적인 의미를 찾을 수 있다는 사실을 명확하게 인식하였습니다. 그럼으로써 사도는 우리에게 예수님과 참되고 친밀한 관계를 가꾸어 나가는 법을 가르쳐 줍니다.

2006년 6월 14일

대 야고보

형제자매 여러분,

우리는 예수님께서 지상 여정 동안 직접 선택하신 사도들에 관해 살펴보고 있습니다. 앞서 베드로 사도와 그의 형제인 안드레아 사도에 대해 살펴보았습니다. 오늘은 야고보 사도의 모습을 마주합니다. 성경의 열두 사도 명단에는 야고보라는 이름으로 두 사람이 언급됩니다. 제베대오의 아들 야고보와 알패오의 아들 야고보(마르 3,17-18; 마태 10,2-3 참조)입니다. 그들은 일반적으로 '대 야고보'와 '소 야고보'라는 별명으로 구별됩니다.

이 호칭은 두 사도의 거룩함의 척도를 나타내는 것이 아니라 신약 성경의 여러 기록과 특히 예수님의 지상 생활에서 중요성의 정도를 드러내는 것입니다. 오늘은 두 사람 가운데 첫 번째 인물에 주의를 기울여 보겠습니다.

'야고보'Iakobos라는 이름은 성조 야곱의 그리스어 형식입니다. 야고보 사도는 요한의 형제인데, 앞서 말한 마르코 복음서(3,17 참조)의 명단에서 베드로 사도의 뒤를 이어 두 번째로 기록되었으며, 마태오 복음서(10,2 참조)와 루카 복음서(6,14 참조)에서는 베드로와 안드레아 사도에 이어 세 번째로 등장합니다. 반면 사도행전(1,13 참조)에서는 베드로와 요한 사도 다음에 나옵니다. 야고보 사도는 베드로, 요한 사도와 함께 예수님이 당신 삶의 중요한 순간에 함께하게 하신 특별한 세 제자에 속합니다.

오늘은 날씨가 매우 덥기에, 두 사화만을 짧게 언급하겠습니다. 야고보 사도는 베드로, 요한 사도와 함께 예수님의 영광스러운 변모와 겟세마니 동산에서의 번민을 목격하였습니다. 이 둘은 완전히 다른 상황에 관한 문제입니다. 먼저, 야고보 사도는 다른 두 제자와 함께 주님의 영광을 보았으며 모세와 엘리야와 이야기를 나누는 그분을 목격하였습니다. 그는 예수님에게서 하느님 영광의 빛을 보았습니다.

둘째로, 야고보 사도는 고통과 겸손을 마주 대하시는 예수님을 목격했습니다. 그는 자신의 눈으로 하느님의 아드님이 얼마만큼 자신을 낮추시어 죽음에 이르기까지 순종하셨는지를 목격할 수 있었습니다. 이 체험을 통해 일방적이며 승리감에 도취되었던 이전 이해를 수정할 수 있었기에, 그에게는 신앙이 성장하는 분명한 계기가 되었습니다. 그는 이스라엘이 기다려 온 메시아가 사실은 영예와 영광만이 아니라 고통과 연약함까지도 감내해야 함을 이해해야 했습니다. 그리스도의 영광은 우리의 고통을 나누어 지셨던 십자가 위에서 온전히 완성됩니다.

믿음의 성장은 오순절 성령에 의해 완성되었으며, 야고보 사도가 증거의 순간에 나약해지지 않도록 이끌어 주었습니다. 루카 복음사가가 전하는 바에 따르면, 서기 40년대에 헤로데 대왕의 손자인 헤로데 아그리파 임금은 '교회에 속한 몇몇 사람을 해치려고 손을 뻗쳤습니다. 그는 먼저 요한의 형 야고보를 칼로 쳐 죽였습니다.'(사도 12,1-2 참조)

이 단편적인 이야기는 자신의 목숨을 걸고 주님을 증언하는 것이 당시 그리스도인들에게 얼마만큼 일상적인 일이었는지를 알려 줍니다. 또한 한편으로는 야고보 사도가 예수님의 지상 여정 동안 수행한 역할로 인하여 예루살렘 교회에서 얼마만큼 중요한 위치에 있었는지도 알려 줍니다.

세비야의 이시도로 성인 무렵 쓰인 후대 전승에서 전하는 바에 따르면 야고보 사도는 로마 제국의 중요한 지방이던 스페인에 복음을 전하기 위하여 방문하였습니다. 반면 또 다른 전승에서는 스페인 산티아고 데 콤포스텔라에 도착한 것은 그의 유해였다고 전합니다.

우리들 모두가 알고 있는 것처럼 그 도시는 선망의 지역이 되었고, 지금도 여전히 유럽뿐만이 아니라 전 세계에서 수많은 순례자들이 향하는 목적지이기도 합니다. 지팡이와 복음서를 손에 든 야고보 성인의 상징적인 모습은 '복음'

선포에 헌신한 사도의 전형적 모습과 교회의 순례자적 삶의 특성을 보여 줍니다.

결론적으로 우리는 야고보 사도에게 많은 것을 배울 수 있습니다. 인간적인 안정감을 상징하는 '나룻배'를 떠나라는 주님의 부르심에 대한 응답, 자신의 헛된 바람을 접고 그분이 이끌어 주시는 길로 따라나서는 열정, 용기를 갖고 그분을 증언하려는 준비, 그리고 필요하다면 생명까지 내어놓는 숭고한 희생을 엿볼 수 있습니다.

그렇게 야고보 사도는 그리스도께 대한 충실성을 보여 주는 탁월한 모범으로서 우리들 앞에 서 있습니다. 어머니를 통해 하느님 나라에서 자기 형제와 함께 주님 옆에 앉기를 청하였던 그는 사도들 가운데 처음으로 수난의 잔을 마시고 순교한 사람이 되었습니다.

그 모든 것을 요약해 보면, 예수님의 거룩한 변모가 일어난 산에서부터 수난의 언덕에 이르는 야고보 사도의 여정은, 제2차 바티칸 공의회에서 말하는 바처럼 하느님의 위로와 세상의 박해 가운데 놓여 있는 그리스도교 삶의 전체 여정을 상징합니다. 야고보 성인처럼 예수님을 따른다는 것은 어려움 속에서도 올바른 삶을 살아간다는 의미임을 우리는 잘 알고 있습니다.

2006년 6월 21일

소 야고보

형제자매 여러분,

성경에는 지난 수요일에 말씀드린 제베대오의 아들, 대야고보와 대비되어 '소 야고보'로 알려진 또 다른 야고보가 등장합니다. 그 역시 예수님께서 직접 선택하신 열두 사도에 포함되어 있으며 언제나 '알패오의 아들'로 명시되었습니다(마태 10,3; 마르 3,18; 루카 6,15; 사도 1,13 참조). 그는 다른 야고보와 구분되어 자주 "작은 야고보"(마르 15,40), 혹은 마리아의 아들(같은 구절)로 불렸습니다. 요한 복음서에 따르면, 그의 어머니 마리아는 예수님의 어머니와 함께 십자가의 발치에 서 있던 "클로파스의 아내 마리아"(요한 19,25)일 것입니다.

그는 나자렛 출신이었고, 아마도 예수님과 친족 관계였을 것입니다(마태 13,55; 마르 6,3 참조). 셈 족 전승에 의하면 그는 "형제"(마르 6,3; 갈라 1,19)라고 불렸습니다.

사도행전에서는 소 야고보가 예루살렘 교회에서 수행한 중요한 역할을 강조합니다. 대 야고보의 순교 이후 예루살렘에서 거행된 사도 공의회에서 그는 다른 사도들과 함께 이방인들을 할례 없이 교회에 받아들일 수 있다고 선포했습니다(사도 15,13 참조). 부활하신 주님의 특별한 발현을 야고보 사도와 관련지었던(1코린 15,7 참조) 바오로 사도는 예루살렘을 방문했을 때 야고보 사도를 베드로 사도와 동등하게 교회의 '기둥'이라고 말하면서 그를 베드로 사도에 앞서 언급하기도 하였습니다(갈라 2,9 참조).

결과적으로 유다계 그리스도교인들은 야고보 사도를 자신들의 주요한 권한자로 여겼습니다. 야고보의 이름으로 서간 한 편이 헌정되었으며 이는 신약 성경의 정경 목록에 포함되었습니다. 이 서간에서 야고보 사도는 '주님의 형제'가 아닌 "하느님과 주 예수 그리스도의 종"(야고 1,1)으로 소개됩니다.

알패오의 아들 야고보와 '주님의 형제'인 야고보라는 두 인물의 정체성에 관한 문제는 성경 학자들 사이에서 여전히 논란이 되고 있습니다. 예수님의 지상 여정 동안의 일화에서는 그 두 사람에 대한 이야기가 전해지지 않습니다.

반면 사도행전은 앞서 살펴본 것처럼 예수님의 부활 이후 '야고보'가 초대 교회에서 매우 중요한 역할을 수행했다고 알려 줍니다(사도 12,17; 15,13-21; 21,18 참조).

야고보 사도의 활동 가운데 가장 중요한 것은 유다계와 이방계 그리스도인들 사이의 복잡한 관계를 풀어내는 것이었습니다. 그는 베드로 사도와 함께 이 난제를 해결하려 노력했습니다. 아니, 그리스도교의 유다교적 측면과 개종한 이방인들에게 율법의 모든 조항을 준수해야 하는 의무를 강요하지 말아야 한다는 필요성을 통합하는 데 기여했습니다. 사도행전에서는 야고보 사도가 합리적으로 제안하고 모든 사도들이 동의한 해결책을 전해 줍니다. 그 해결책에 따르면, 예수 그리스도를 믿는 이방인들에게는 단지 우상에게 바쳤던 고기를 먹는 우상숭배적 행위와 부정한 혼인유대인 '불륜'을 삼가하도록 요구하였습니다. 실제로 율법이 중요하게 여기는 몇몇 금령들은 신념의 문제였습니다.

따라서 중요하고 보완적인 두 가지 결과가 도출되었고, 이는 오늘날에도 여전히 유효합니다. 먼저, 유다교는 영원히 살아 있고 영향력을 지닌 모체로서 그리스도교와 끊을 수 없는 관계에 있다는 것을 인식하는 것입니다. 또 다른 하나는, 이방계 그리스도인들이 소위 모세의 '정결례법'을 준수하게 됨으로써 잃어버릴 수 있었던 자신들의 정체성을 간직하는 것이 허용되었다는 것입니다.

따라서 그러한 규율들은 그리스도교로 개종한 이방인들에게 더 이상 해당되지 않는 것으로 간주되었습니다. 이후 여러 가지 오해가 있기는 했지만, 이 결정으로 두 무리의 고유한 특성을 서로 존중하고 존경할 수 있게 되었습니다.

야고보 사도의 죽음에 대한 가장 오래된 기록은 유다 역사가인 플라비우스 요세푸스가 1세기 말경 로마에서 저술한 그의 〈유다의 풍습〉(20,201 이하)이라는 책입니다. 야고보 사도는 복음서에 등장하는 아나니아의 아들인, 대사제 아나누스에 의해 불법적으로 죽임을 당합니다. 서기 62년 아나누스는 로마 행정관 베스도Festus의 퇴직과 후임자 알비누스Albinus의 취임 사이의 공백을 이용하여 야고보 사도를 돌로 쳐 죽이도록 명하였습니다.

야고보 사도의 이름으로는 예수님의 어머니이신 성모님의 거룩함과 동정성을 찬양하는 내용의 외경 복음서와 더불어 서간 한 편이 저술되었습니다. 신약 성경에서 야고보 서간은 로마, 에페소 등 어느 특정한 교회가 아니라 보편 교회에 보내져 소위 '가톨릭 서간'으로 분류되는 목록의 첫 자리에 있습니다.

야고보 서간은 매우 중요한 정경으로, 신앙은 단순한 구호나 추상적 선언에 머무르지 않고 선행의 실천으로 나타나야 한다고 강하게 주장합니다. 삶의 참된 가치는 덧없는 부유함이 아니라 가난한 이들과 도움을 필요로 하는 이들에게 가진 것을 나누는 가운데 찾을 수 있다는 것을 이해하고(야고 1,27 참조), 그럼으로써 온갖 시련 속에서도 하느님께로부터 지혜의 선물을 얻을 수 있도록 진심을 담아 기도하도록 초대하고 있습니다.

따라서 야고보 서간은 우리에게 매우 견고하고 실천적인 그리스도교 신앙을 알려 줍니다. 믿음은 삶에서, 무엇보다도 이웃 사랑과 가난한 이들에 대한 헌신에서 완성되어야 합니다. 이러한 전제 아래에서 그 유명한 구절을 읽어야 합니다. "영이 없는 몸이 죽은 것이듯 실천이 없는 믿음도 죽은 것입니다."(야고 2,26)

야고보 성인의 이러한 선포는 행위가 아니라 믿음을 통하여 하느님께서 우리를 의롭게 하셨다는(갈라 2,16; 로마 3,28 참조) 바오로 사도의 확신과 대립하는 것으로 이해되었습니다. 그러나 두 구절은 사실 상호보완적입니다. 바오로 사도는 우리보다 우월한 하느님의 사랑이 필요치 않다고 생각하는 교만을 거부합니다. 그는 대가 없이 주어지는 은총 없이 스스로 의롭다고 여기는 교만함을 거부합니다.

반면 야고보 사도는 믿음의 일반적인 결과로서의 행업을 이야기합니다. "좋은 나무는 모두 좋은 열매를 맺고 나쁜 나무는 나쁜 열매를 맺는다."(마태 7,17)라고 주님은 말씀하십니다. 야고보 사도는 이를 반복하여 우리에게 이야기해 주고 있습니다.

마지막으로, 야고보 서간에서는 "주님께서 원하시면"(야고 4,15), 우리가 행하는 모든 것들 안에 계시는 하느님의 손길 속에 스스로를 내어 드리라고 권고합니다. 이기적이고 자기중심적으로 살지 말고, 무엇이 참된 것인지 아시는 하느님의 지향에 맡겨 드리라고 권고합니다.

이렇게 야고보 사도는 우리들 한 사람 한 사람에게 인생의 스승으로 기억됩니다.

2006년 6월 28일

제베대오의 아들, 요한

형제자매 여러분,

오늘 우리의 만남을 사도단의 또 다른 한 사람을 기억하는 시간으로 봉헌합시다. 그는 제베대오의 아들이자 야고보의 형제인 요한 사도입니다. 그의 이름은 '주님께서 은총을 베푸신다'는 의미를 갖고 있습니다. 예수님이 그와 그의 형제를 부르셨을 때, 그들은 티베리아스 호숫가에서 그물을 손질하고 있었습니다(마태 4,21; 마르 1,19 참조).

요한 사도는 예수님이 특별한 경우에 당신과 함께하기 위하여 선발하신 작은 무리에 언제나 속하였습니다. 예수님이 카파르나움에서 베드로 사도의 장모를 치유해 주시기 위해 그의 집에 들어가셨을 때, 요한 사도는 베드로, 야고보 사도와 함께 있었습니다(마르 1,29 참조). 예수님이 회당장 야이로의 딸을 낫게 하시려 그의 집으로 향할 때도 요한 사도는 다른 두 동료와 함께 스승님의 뒤를 따랐습니다(마르 5,37 참조). 그리고 예수님의 거룩한 변모 때, 산에 오르신 그분을 뒤따랐습니다(마르 9,2 참조).

예수님이 예루살렘 성전의 웅장함을 두고, 올리브 동산에서 그 도시와 세상의 멸망에 관해 말씀하실 때도 요한 사도는 그분 곁에 있었습니다(마르 13,3 참조). 마지막으로, 예수님께서 수난을 앞두시고 아버지께 기도하기 위해 겟세마니 동산으로 물러나실 때도 그분 곁에 있었습니다(마르 14,33 참조).

수난을 앞둔 마지막 만찬 자리를 마련하도록 예수님께서 선발하신 두 제자가 그와 베드로 사도였습니다(루카 22,8 참조).

열두 사도단에서 요한 사도의 위치는 어느 날 그의 어머니가 예수님께 부탁한 청원을 이해하는 데 도움을 줍니다. 그녀는 자신의 두 아들인 요한과 야고보가 왕국에서 하나는 오른편에 하나는 왼편에 앉을 수 있도록 청하였습니다(마태 20,20-21 참조).

아시는 것처럼, 이런 청원에 예수님이 되물으셨습니다. 그분은 당신이 마시게 될 잔을 마실 준비가 되어 있는지 물으셨습니다(마태 20,22 참조). 이 말씀에는 그들이 당신 인성의 신비를 알게 되어 피의 시련을 겪을지라도 당신을 증거하는 사람이 되라는 부르심이 담겨 있었습니다.

그리고 얼마 뒤 예수님은 당신이 섬김을 받으러 온 것이 아니라 섬기러 왔고 또 많은 이들의 몸값으로 자기 목숨을 바치러 왔다고 말씀하셨습니다(마태 20,28 참조).

성경에는 부활이 지난 며칠 후 베드로 사도를 포함하여 다른 몇몇 제자들과 함께 고기를 잡으러 나가 그날 밤에는 아무것도 잡지 못했지만, 부활하신 분을 만나 많은 고기를 잡게 된 '제베대오의 아들' 이야기가 기록되어 있습니다. 먼저 '주님'을 알아보고 베드로 사도에게 그분이라고 알려 주었던 '예수님께서 사랑하신 제자'가 그였습니다(요한 21,1-13 참조).

요한 사도는 예루살렘 교회의 그리스도인들을 보살피는 중요한 직분을 맡았습니다. 실제로 바오로 사도는 예루살렘 공동체의 '기둥'이라 불리는 이들 가운데 요한 사도의 이름을 기록하였습니다(갈라 2,9 참조). 사도행전에서 루카 복음사가는 요한 사도가 베드로 사도와 함께 성전에 기도하러 올라갔으며(사도 3,1-4.11 참조), 최고 의회에 나가 예수 그리스도에 대한 신앙을 고백했다고(사도 4,13.19 참조) 전해 줍니다.

요한 사도는 베드로 사도와 함께 복음을 받아들인 사마리아 사람들을 격려하기 위하여 예루살렘 교회에서 파견되어 그들이 성령을 받도록 기도하였습니다(사도 8,14-15 참조). 특히 우리는 요한 사도가 베드로 사도와 함께 그들을 심문한 최고 의회 의원들에게 증언한 사실을 기억해야 합니다. "우리로서는 보고 들은 것을 말하지 않을 수 없습니다."(사도 4,20)

그의 신앙 고백에는 이러한 솔직함이 담겨 있었습니다. 요한 사도는 인간적인 계산이나 걱정보다 신앙을 우선시함으로써 그리스도와의 변함없는 관계를 선포할 준비가 되어 있어야 하는 우리들 모두에게 본보기가 되고 가르침을 줍니다.

요한 사도는 '예수님께서 사랑하시는 제자'로 마지막 만찬 때 스승의 가슴에 자신의 머리를 묻었으며(요한 13,23 참조) 예수님의 어머니와 함께 십자가 곁에 서 있었고(요한 19,25 참조), 마지막으로, 빈 무덤과 발현을 목격했다고(요한 20,2; 21,7 참조) 요한 복음서는 전해 줍니다.

오늘날 학자들 사이에는 이러한 요한 사도의 정체성에 관해 논의가 이루어지고 있는데, 그들 가운데 몇몇은 그를 단순히 제자의 원형으로 이해합니다. 이에 관한 주석적인 논의를 떠나, 우리는 여기서 우리들 삶을 위한 중요한 가르침을 얻을 수 있어야 하겠습니다. 주님은 우리들 모두가 당신과의 우정 속에서 살아가는 제자가 되기를 바라십니다.

외적으로 그분을 따르고 그분의 말씀을 듣는 것만으로

충분하지 않습니다. 그분과 함께 살아가고 그분을 닮으려는 노력이 필요합니다. 이는 신뢰로 가득 찬 깊은 친밀감 속에서 가능합니다. 이러한 친밀감은 친구들 사이에서 일어납니다. 어느 날 예수님께서 말씀하셨습니다. "친구들을 위하여 목숨을 내놓는 것보다 더 큰 사랑은 없다. …… 나는 너희를 더이상 종이라고 부르지 않는다. 종은 주인이 하는 일을 모르기 때문이다. 나는 너희를 친구라고 불렀다. 내가 내 아버지에게서 들은 것을 너희에게 모두 알려 주었기 때문이다."(요한 15,13.15)

위경인 요한행전에서 요한 사도는 교회의 설립자나 이미 설립된 공동체의 안내자로서가 아니라 희망과 구원의 가능성을 지닌 영혼들과 만나는 신앙의 전달자, 영원한 나그네로 묘사됩니다(18,10; 23,8 참조).

이는 보이는 것을 보이지 않게 하려는 역설적인 지향에서 비롯되었습니다. 실제로 동방 교회는 요한 사도를 '신학자'라고 부릅니다. 예수님과의 친밀함으로 인해 범접하기 어려웠던 하느님에 관해 이해 가능한 신학적 용어로 설명할 수 있는 단 한 사람이라고 여겼기 때문입니다.

에페소는 요한 사도가 오랫동안 헌신해 왔고, 마침내 트라야누스 황제 치세 때 연로한 나이로 죽음을 맞이한 곳으로, 그에 대한 애정이 이곳에서부터 퍼져 나갔습니다.

6세기 무렵 유스티아누스 황제는 에페소에 요한 사도를 위한 웅장한 바실리카를 세웠고, 그 놀라운 흔적들이 여전히 남아 있습니다. 요한 사도는 동방 교회에서 여전히 존경받고 있습니다.

비잔틴 교회의 이콘화에서 그는 깊은 묵상에 잠겨 침묵하고 있는 노인으로 묘사됩니다. 전승에 따르면 그는 트라야누스 황제 치세 때 죽음을 맞이하였습니다.

사실 충분한 묵상 없이는 하느님과 계시의 궁극적 신비에 다가갈 수 없습니다. 이 때문에 오래전 바오로 6세 교황과 역사적인 만남을 가졌던 아테나고라스 콘스탄티노플 총대주교는 다음과 같이 말했습니다. "요한 사도는 우리의 고결한 영성의 근원입니다. 요한 사도처럼, '침묵하는 사람'은 요한 사도의 현존을 위해 기도하여 마음의 신비로운 변화를 체험하게 되며, 그들 마음은 불타오릅니다."(올리비에 클레망O. Clément, 〈아테나고라스와 나눈 대화Dialoghi con Atenagora〉, p.159)

주님, 저희가 요한 사도의 가르침을 깨달아 위대한 사랑을 배우게 하소서. 그리스도께서 "끝까지"(요한 13,1) 저희를 사랑하고 계심을 깨달아 봉헌된 삶을 살아가게 하소서.

2006년 7월 5일

신학자, 요한

형제자매 여러분,

여름 휴가가 시작되기 전까지 우리는 열두 사도에 관한 작은 그림들을 그려 보았습니다. 예수님에게 사도들은 여정의 동반자이자 친구였습니다. 예수님과 함께한 그들의 여정은 갈릴래아에서 예루살렘에 이르는 지리적 여정만이 아니라 예수 그리스도에 대한 믿음을 배우는 내적 여정이기도 했습니다. 물론 그 여정에 어려움이 없었던 것은 아닙니다. 그들도 우리와 같은 사람들이었기 때문입니다.

하지만 사도들은 예수님의 동반자이자 친구로서 그 쉽

지 않은 여정에서 믿음을 가질 수 있었습니다. 그렇기에 그들은 예수 그리스도를 알고 사랑하며 믿음을 갖도록 도움을 주는 안내자들입니다.

앞서 열두 사도 가운데 네 사도에 관하여 살펴보았습니다. 시몬 베드로, 그의 형제인 안드레아, 요한의 형제인 야고보와 신약 성경의 서간 하나를 집필한 또 다른 '소 야고보'입니다. 그리고 요한 복음사가에 관해서 말씀드리기 시작하였습니다. 휴가 직전 교리 교육 시간에 요한 사도의 특성에 관한 몇 가지 핵심적인 사실들을 말씀드렸습니다.

이제 요한 사도의 가르침이 전해 주는 내용에 주의를 기울여 보려 합니다. 따라서 오늘은 요한의 이름으로 저술된 복음서와 서간들을 살펴보겠습니다.

요한 사도의 저술에서 나타나는 특징적인 주제가 있다면 그것은 바로 사랑입니다. 제가 첫 번째 회칙을 "하느님은 사랑이십니다Deus caritas est. 사랑 안에 머무르는 사람은 하느님 안에 머무르고 하느님께서도 그 사람 안에 머무르십니다."(1요한 4,16)라는 요한 사도의 말씀으로 시작하고 싶

신학자, 요한

었던 것은 우연이 아닙니다. 다른 종교에서 이러한 종류의 문장을 찾기란 쉽지 않습니다. 따라서 이와 같은 구절은 그리스도교의 참된 특징을 마주 대하게 합니다.

물론 요한 사도가 사랑을 이야기하는 유일한 그리스도교 저자는 아닙니다. 사랑은 그리스도교의 핵심적 요소이기 때문에, 강조하는 측면이 다르지만 모든 신약 성경 저자들이 사랑을 이야기합니다.

그러나 이 주제에 관한 생각이 특히 요한 사도에 이르러 멈추게 되는 까닭은 그가 그 원리에 관한 윤곽을 끈기 있고 날카롭게 그려 냈기 때문일 것입니다. 우리는 요한 사도의 가르침을 신뢰합니다. 한 가지는 분명합니다. 그는 추상적이며 철학적으로 혹은 신학적으로 사랑을 이야기하지 않습니다.

요한 사도는 이론가가 아닙니다. 사실 참된 사랑이란 본질적으로 순수이론적인 것이 아니라 현실을 사는 인간에 대한 직접적이고 확고하며 실증적인 기준입니다. 예수님의 사도이자 친구로서 요한 사도는 사랑이 무엇으로 이루어지는지를, 더 나아가 세 방향으로 움직이는 그리스도교적 사랑의 모습을 이해할 수 있도록 우리를 이끌어 줍니다.

첫 번째로, 요한 사도는 '하느님은 사랑이십니다.'(1요한 4,8.16 참조)라는 확신 속에서 하느님의 관한 정의를 사랑의 근원과 관련시켜 이야기합니다. 요한은 하느님에 관한 정의를 알려 주는 신약 성경의 유일한 저자입니다. 예를 들어, 그는 "하느님은 영이시다."(요한 4,24) 혹은 '하느님은 빛이시다.'(1요한 1,5 참조)라고 말합니다. 그리고 지금 이 자리에서 '하느님은 사랑이십니다.'라고 선포합니다.

우리는 기억해야 합니다. 이는 단지 '하느님께서 사랑하신다.'거나 혹은 '사랑은 하느님이다.'라고 주장하는 것이 아닙니다. 다시 말해, 요한은 하느님의 행위를 묘사하는 데 그친 것이 아니라 그 근원에까지 다다른 것입니다.

더 나아가 요한 사도는 하느님의 본성을 일반적이고 비인격적인 사랑으로 특징지우려 하지 않습니다. 그는 사랑에서 하느님께로 옮겨 가는 것이 아니라, 무한한 사랑을 지니신 그분의 본성을 설명하기 위하여 직접적으로 하느님을 향하고 있습니다.

요한 사도는 하느님의 본질이 사랑이며, 따라서 하느님의 모든 움직임이 사랑에서 비롯되며 사랑으로 움직인다는 것을 이야기하고 싶어 합니다. 비록 우리가 언제나 그것이 사랑임을, 참된 사랑임을 바로 깨닫지 못한다 하더라도, 하느님께서 하시는 모든 것은 사랑에서 비롯되며 사랑으로 이루어집니다.

여기서 한 걸음 더 나아가 하느님께서 예수 그리스도의 강생, 죽음 그리고 부활을 통하여 인간 역사에 역사하심으로써, 당신의 사랑을 온전히 드러내셨음을 설명할 필요가 있었습니다.

이것이 하느님 사랑의 두 번째 요소입니다. 그분은 말로 선포하는 데 그치지 않고, 참으로 자신을 내어놓으셨으며 그 첫 사람으로 '값을 치르셨습니다.'

요한 사도가 기록한 것처럼 "하느님께서는 세상을 너무나 사랑하신 나머지" 우리 모두를 위하여 "외아들을 내 주"(요한 3,16)셨습니다. 하느님의 사랑은 예수님의 사랑 안에서 분명히 드러나게 되었습니다.

요한 사도는 "그분께서는 이 세상에서 사랑하신 당신의 사람들을 끝까지 사랑하셨다."(요한 13,1)라고 기록하였습니다. 우리는 이러한 헌신과 완전한 사랑의 힘으로 죄에서 해방되었습니다. "나의 자녀 여러분, …… 누가 죄를 짓더라도 하느님 앞에서 우리를 변호해 주시는 분이 계십니다. …… 그분은 우리 죄를 위한 속죄 제물이십니다. 우리 죄만이 아니라 온 세상의 죄를 위한 속죄 제물이십니다."(1요한 2,1-2; 1요한 1,7 참조)

이것이 예수님이 우리를 사랑하시는 방법입니다. 예수님은 우리를 구원하기 위하여 당신의 피를 쏟아부어 주셨습니다! 우리는 이렇게 '넘치는' 사랑에 합당한 응답이 무엇인지 생각해 보지 않을 수 없습니다. 그렇게 우리 모두는 이에 관해서 하느님께 끊임없이 여쭈어 보아야 합니다.

이러한 청원은 사랑이 지닌 역동성의 세 번째 요소로 이끌어 줍니다. 우선적이고 과분한 사랑을 받은 우리에게 자발적인 응답이 요청됩니다. 여기에 합당한 응답은 사랑의 응답일 수밖에 없습니다.

요한 사도는 '계명'을 언급하는데, 이는 결국 예수님의 말씀을 언급하는 것입니다. "내가 너희에게 새 계명을 준다. 서로 사랑하여라. 내가 너희를 사랑한 것처럼 너희도 서로 사랑하여라."(요한 13,34)

예수님의 말씀이 새로운 것이었습니까? 요한 사도는 구약 성경과 다른 복음서(마태 22,37-39; 마르 12,29-31; 루카 10,27 참조)에서 찾을 수 있는 "네 이웃을 너 자신처럼 사랑해야 한다."(레위 19,18)라는 구절을 단순히 반복한 것이 아닙니다.

선조들의 가르침에서는 사람('너 자신처럼')이 척도였습니다. 반면 요한 사도는 사랑의 이유와 기준으로 예수님을 제시합니다. "내가 너희를 사랑한 것처럼……."

그리스도교의 참된 사랑은 그렇게 이루어집니다. 사랑은 모든 이를 향해 있어야 하며 무엇보다도 사랑은 궁극적 열매를 맺기까지 지속되어야 하기에 그 어떤 한계도 갖지 않습니다.

"내가 너희를 사랑한 것처럼"이라는 예수님의 말씀은 우리를 초대하는 동시에 혼란스럽게 합니다. 불가능해 보이지만, 자신의 업적에 함몰되지 않도록 이끌어 주는 동기가 되기도 합니다. 그 말씀은 현실에 안주하지 않고 목적을 향해 나아가도록 이끌어 줍니다.

중세 후반의 신심서적인 《준주성범》에서는 이 주제에 관해 이렇게 이야기합니다. "예수님의 고귀한 사랑은 우리로 하여금 위대한 일을 하도록 하고, 더 완전한 것을 갈망하는 마음을 불러일으킨다. 사랑은 위로 오르려 하기 때문에 세상의 낮은 무엇에 사로잡히지 않는다. …… 사랑이 하느님께로부터 온 것이며, 모든 피조물 위에 계시는 하느님 외에는 사랑이 머물 곳이 없기 때문이다. 사랑이 있는 사람은 날아가고 달음질하고 즐거워한다. 그는 자유롭고 아무 거리낌도 없다. 그는 모든 것을 위하여 모든 것을 내주고, 모든 일에서 모든 것을 얻는데, 이는 그가 모든 것을 초월하여 모든 선이 흘러나오는 지존하신 분한테만 머물기 때문이다."(토마스 아 켐피스, 《준주성범》, 제3권 5장 3-4항)

요한 사도가 이야기한 '새로운 계명'을 이보다 더 낫게 해석할 수 있겠습니까? 부족한 우리 모두가 삶에서 만나는 이들과 사랑을 나누며 성실히 살아가도록 이끌어 주시는 아버지께 기도드립시다.

2006년 8월 9일

파트모스 섬의 예언자, 요한

형제자매 여러분,

지난 시간 우리는 요한 사도의 모습을 살펴보았습니다. 먼저 그의 삶에 관하여 알려진 사실들을 살펴보고 나서, 그의 복음서와 서간에 담긴 핵심 내용인 자선과 사랑에 대해 고찰해 보았습니다. 계속해서 요한 사도의 모습을 살펴보는 가운데 오늘은 요한 묵시록에 초점을 맞추겠습니다.

요한 사도의 이름은 그가 저술했다는 요한 복음서와 서간에는 기록되어 있지 않은 반면, 요한 묵시록에는 네 차례나 나옵니다(1,1.4.9; 22,8 참조).

한편으로 요한 사도는 자신의 이름을 언급하지 못할 이유가 없었습니다. 다른 한편으로는, 독자들이 자신에 관해 정확하게 알고 있다는 것을 인식했음이 분명합니다. 더 나아가 3세기경 교부들은 이미 '요한 묵시록'의 요한이라는 인물에 관한 사실관계를 논의하고 있었습니다.

편의상 요한 사도를 '파트모스 섬의 예언자'라고 부르기도 합니다. 그가 자신에 관해 쓴 내용에 따르면 "하느님의 말씀과 예수님에 대한 증언 때문에"(묵시 1,9) 에게 해에 있는 섬에 유배되었습니다.

"어느 주일에 …… 성령께 사로잡"(묵시 1,10)힌 곳이 바로 파트모스 섬이었습니다. 그곳에서 요한 사도는 교회와 서양 문화 전체 역사에 막대한 영향을 끼친 놀라운 환시를 보고 범상치 않은 소식을 듣게 되었습니다.

예를 들어, 묵시록, 계시록이라는 제목에서 '묵시', '계시'라는 단어가 우리의 언어 체계에 들어오게 되었고, 적절치 않지만 그 단어들은 현실적 재앙을 떠올리게 합니다.

요한 묵시록은 아시아의 일곱 교회(에페소, 스미르나, 페르

가몬, 티아티라, 사르디스, 필라델피아, 라오디케이아)가 겪은 체험에 바탕을 두고 이해해야 합니다. 이 교회들은 첫 세기가 끝날 무렵 박해와 더불어 내부적 갈등이라는 심각한 어려움에 처해 있었습니다.

목자의 마음으로 요한 사도는 박해받는 그리스도인들에게 신앙에 충실하고 세상과 타협하지 말라고 권고하였습니다. 그의 권고에는 그리스도의 죽음과 부활에서 비롯된 역사의 의미에 관한 계시가 담겨 있습니다.

사실 요한 사도의 첫 번째 환시이자 근본적인 환시는, 살해된 것처럼 보였지만 하느님의 어좌 앞에 서 계신 어린양의 모습이었습니다(묵시 5,6 참조).

요한 사도는 이 환시를 통해 무엇보다도 두 가지 사실을 알려 주고자 했습니다. 하나는, 폭력적인 죽음을 맞이하신 예수님이 땅 속으로 완전히 허물어지시지 않고 오히려 당신의 두 발로 굳건히 서 계시다는 것입니다. 그분은 부활로 마침내 죽음을 이기셨기 때문입니다.

다른 하나는, 돌아가셨다가 되살아나신 예수님이 완전

하게 아버지의 권능과 구원의 능력을 나누어 갖게 되셨다는 것입니다. 이것이 그 근본적인 시각입니다.

지상에서 하느님의 아드님이신 예수님은 무기력하게 상처 입고 죽임을 당한 어린양이셨습니다. 그러나 그분은 하느님의 어좌 앞에 당신의 두 발로 당당히 서 계시며, 하느님의 권능에 참여하고 계십니다. 또한 당신 손에 세상의 역사를 쥐고 계십니다.

예언자 요한은 우리에게 이런 이야기를 들려주고 싶어 합니다. 예수님을 신뢰하여, 권력과 박해를 두려워 마십시오! 상처 입고 죽임을 당했던 어린양이 승리하셨습니다! 어린양이신 예수님께 자신을 맡기고 그분의 길을 따르십시오! 이 세상에서는 연약해 보이는 어린양일지라도, 그분은 승리하는 분이십니다!

요한 묵시록에서 중요한 환시 가운데 하나는 누구도 열 수 없던 일곱 번 봉인된 두루마리를 펼치는 어린양입니다. 요한은 그 두루마리를 펼쳐 읽을 수 있는 사람을 찾지 못하여 눈물을 흘리기까지 하였습니다(묵시 5,4 참조).

역사는 불분명하고 이해하기 어려웠습니다. 누구도 그 뜻을 읽어 낼 수 없었습니다. 그렇게 어두운 역사의 신비 앞에서 겪는 요한의 슬픔은 당시 아시아 교회가 처한 박해의 국면에서 하느님의 침묵에 대한 당혹스러움의 표현이었을 겁니다.

이는 심각한 어려움이나 오해에 직면한 우리의 불안감이 그대로 반영되고 있는 당혹스러움이며, 또한 현대 사회의 다양한 방면에서 교회가 겪는 적대감이기도 합니다.

예수님의 수난이 당연한 것이 아니었듯이, 교회에도 당연하지 않은 시련들이 있습니다. 하지만 그 시련들은 악의 유혹에 스스로를 맡기는 인간적인 나약함과 함께 그 안에 내재한 초월적 질서라는 두 가지 요소를 드러내 줍니다.

희생된 어린양만이 봉인된 두루마리를 열어 그 내용을 밝혀 줄 수 있으며 허무해 보이는 역사에 의미를 안겨 줄 수 있습니다. 그분만이 죽음을 넘어 승리가 어떤 의미를 가져왔는지, 약속을 얻게 된 그리스도인들은 어떻게 살아야 하는지 권고하실 수 있습니다. 요한 사도가 쓴 상상력 넘치는 표현들은 이러한 위로를 전해 주기 위한 것입니다.

요한 묵시록이 펼쳐 보여 주는 환시의 핵심에는 남자아이를 해산하는 여인과 땅으로 떨어졌지만 여전히 힘을 발휘하는 용과의 상호성이라는 매우 상징적인 환시도 자리합니다.

이 여인은 구세주의 어머니이신 성모님을 나타내는 동시에 하느님 백성인 전체 교회를, 시대의 어려움 가운데서도 그리스도를 늘 새롭게 해산하는 교회를 상징합니다. 교회는 언제나 용의 위협에 시달리고 있습니다. 교회는 무방비적이고 연약해 보입니다.

용에게 시달리고 고통을 당하지만, 교회는 또한 하느님의 위로로 보호를 받습니다. 그리고 마침내 여인은 승리를 거둡니다. 용이 패배합니다.

이렇게 이 책에 담긴 위대한 예언은 우리에게 용기를 북돋아 줍니다! 역사 안에서 고통을 당한 여인, 고난을 겪은 교회는 마침내 눈부신 신부로, 더이상 비통해하지도 눈물 짓지도 않는 새로운 예루살렘의 모습으로, 변화된 세상의 모습으로, 하느님의 빛을 발하고 어린양의 등불이 비춰지는 새로운 세상의 모습으로 나타납니다.

요한 묵시록에서는 역사의 어두운 면인 고통, 시련, 그리고 눈물을 계속 언급합니다. 그러나 마찬가지로 역사의 밝은 측면을 상징하는 찬양의 노래 또한 자주 언급됩니다. 그렇게 우리는 요한 묵시록에서 수많은 찬양 노래, 환호의 노래를 볼 수 있습니다.

"할렐루야! 주 우리 하느님, 전능하신 주님께서 다스리기 시작하셨다. 기뻐하고 즐거워하며 하느님께 영광을 드리자. 어린양의 혼인날이 되어 그분의 신부는 몸단장을 끝냈다."(묵시 19,6-7)

여기서 우리는 고통이 결코 마지막 말이 아니라 행복에 이르는 과정이라는, 전형적인 그리스도교적 역설을 마주하게 됩니다. 사실 고통 그 자체에는 이미 희망에서 비롯되는 기쁨이 신비스러울 정도로 섞여 있습니다.

바로 이러한 이유 때문에 파트모스 섬의 예언자 요한은 희망과 전율로 자신의 책을 마무리 지을 수 있었습니다. 그

는 주님의 마지막 오심을 간절히 염원하였습니다. "오십시오, 주 예수님!"(묵시 22,20)

이는 초대 교회에서 중요한 기도문이었으며, 바오로 사도 역시 이 기도문을 "마라나 타"(1코린 16,22)라는 아람어 형식으로 번역하여 사용했습니다. "저희의 주님, 오십시오!"를 뜻하는 이 기도문에는 다양한 측면이 있습니다.

당연히 이 기도문은 무엇보다도 주님의 마지막 승리에 대한 바람, 새로운 예루살렘에 대한 기대, 세상을 변화시켜 주실 주님의 재림에 대한 바람이 담겨 있습니다. 또한 동시에 '예수님, 어서 오소서.'라는 성찬 기도문이기도 합니다. 그렇게 예수님께서 오십니다. 그렇게 그분의 마지막 재림을 고대합니다.

우리 모두 함께 기쁜 마음으로 노래합니다. '어서 오소서. 그리고 영원히 함께하소서!'

그리고 이 기도문에는 세 번째 의미도 담겨 있습니다. '주님, 당신은 벌써 오셨나이다! 우리 안에 계신 당신의 현존을 믿나이다. 우리는 이 기쁨을 맛보나이다. 그러나 빨리

오소서!'

우리 역시 바오로 사도와 파트모스 섬의 예언자와 새로운 그리스도인들과 함께 기도합시다. '오소서, 예수님! 세상을 변화시키러 오소서! 지금 오시어 평화의 승리를 이루소서.' 아멘.

2006년 8월 23일

마태오

형제자매 여러분,

몇 주 전부터 시작한 열두 사도의 모습 가운데 오늘은 마태오 사도에 관해서 살펴보겠습니다. 마태오 사도에 관해서는 정보가 부족하기 때문에 그의 모습을 온전히 그려 내기란 사실상 불가능합니다. 따라서 우리가 할 수 있는 것은 그의 전기를 완성하는 것이 아니라 복음서가 전해 주는 그에 관한 전체적인 윤곽을 그려 보는 것입니다.

마태오 사도는 예수님이 선택하신 열두 명의 명단에 언제나 포함되어 있습니다(마태 10,3; 마르 3,18; 루카 6,15; 사도

1,13 참조).

마태오 사도의 이름은 히브리 말로 '하느님의 선물'을 의미합니다. 그의 이름으로 저술된 복음서는 열두 사도의 명단에 있는 그에게 "세리"(마태 10,3)라는 설명을 붙여 놓았습니다.

따라서 마태오 사도는 세관에 앉아 있다가 당신을 따르라는 부르심을 받은 그 사람으로 알려져 있습니다. "예수님께서 그곳을 떠나 길을 가시다가 마태오라는 사람이 세관에 앉아 있는 것을 보시고 말씀하셨다. '나를 따라라.' 그러자 마태오는 일어나 그분을 따랐다."(마태 9,9) 마르코 복음서(2,13-17 참조)와 루카 복음서(5,27-30 참조) 역시 세관에 앉아 있던 사람에 대한 부르심을 전해 주고 있지만, 두 복음서에서는 마태오 사도를 '레위'라고 불렀습니다.

이곳 로마의 산 루이지 데이 프란체시 성당에 보관되어 있는 카라바조의 걸작을 통해 마태오 복음 9장 9절에서 묘사하는 일화를 상상해 볼 수 있습니다.

자세한 사항들은 복음서에 언급되어 있습니다. 예수님

께서 카파르나움에서 행하신 기적(마태 9,1-8; 마르 2,1-12 참조)과 티베리아스 호수를 의미하는 갈릴래아 호숫가로 나가신 이야기(마르 2,13-14 참조)가 그 부르심에 관한 사화에 앞서 기록되어 있습니다.

이 구절에서 마태오 사도가 베드로 사도의 집이 있던 "호숫가"(마태 4,13) 근처 카파르나움에서 세금 징수원으로 있었음을 추정할 수 있습니다.

복음서에서 얻을 수 있는 이러한 간단한 정보들을 기반으로 추론을 엮어 나갈 수 있습니다.

첫째로, 당시 이스라엘 사람들의 상식에 따르면 예수님의 무리에 받아들여진 마태오 사도는 죄인이었습니다.

마태오 사도는 하느님의 백성이 아닌 이방인들로부터 비롯되었다는 이유로 불결하게 여겨지던 돈을 다루었습니다. 또한 비열하고 탐욕스러운 이방인 권력자에게 협력하였으며, 더 나아가 그들에게 바치는 공물을 제멋대로 결정하기도 하였습니다.

이는 복음서가 여러 번에 걸쳐 "세리와 죄인들"(마태 9,10;

루카 15,1) 혹은 "세리와 창녀들"(마태 21,31)이라고 이 둘을 서로 관련지었던 이유입니다.

더 나아가, 복음서는 세리를 인색한 사람의 전형(마태 5,46 참조. 자기를 사랑하는 이들만 사랑한다)으로 여기며, 그들 가운데 한 사람인 자캐오를 "세관장이고 또 부자"(루카 19,2)로 소개합니다. 일반적으로 그들은 "강도짓을 하는 자나 불의를 저지르는 자나 간음을 하는 자"(루카 18,11)로 간주되었습니다.

이러한 배경에서 한 가지 사실이 드러납니다. 예수님은 당신의 친분 관계에 어느 누구도 제외하지 않으셨다는 것입니다. 사실 예수님께서는 마태오-레위의 집 식탁에 앉아 계실 때, 환영받지 못하는 이들과 어울리는 모습에 놀라워하는 이들에게 중요한 말씀을 하셨습니다. "건강한 이들에게는 의사가 필요하지 않으나 병든 이들에게는 필요하다. 나는 의인이 아니라 죄인을 부르러 왔다."(마르 2,17)

복음의 기쁜 소식은 바로 이러한 사실, 즉 하느님께서 죄인에게 은총을 베푸신다는 사실입니다.

예수님께서는 기도하러 성전에 올라간 바리사이파 사람과 세리의 예화에서 하느님 자비에 대한 겸허한 신뢰를 올바르게 드러낸 사람은 세리였다고 말씀하셨습니다. 바리사이파 사람은 자신이 도덕적으로 얼마나 뛰어난지 자랑한 반면, 세리는 달랐습니다. "세리는 …… 하늘을 향하여 눈을 들 엄두도 내지 못하고 가슴을 치며 말하였다. '오 하느님, 이 죄인을 불쌍히 여겨 주십시오!'"

이 예화에 이어서 예수님은 이렇게 말씀하셨습니다. "내가 너희에게 말한다. 그 바리사이가 아니라 이 세리가 의롭게 되어 집으로 돌아갔다. 누구든지 자신을 높이는 이는 낮아지고 자신을 낮추는 이는 높아질 것이다."(루카 18,13-14)

따라서 우리는 마태오 사도의 모습을 통해 참되고 올바른 역설 하나를 배웁니다. 거룩함과 거리가 먼 사람일지라도 하느님의 자비를 입는 표양이 될 수 있으며, 삶에서 그 놀라운 은총의 광채를 드러낼 수 있습니다.

요한 크리소스토모 성인은 중요한 사실을 알려 줍니다. 성인은 이러한 부르심의 사화에 일상의 노동이 자리하고 있다고 말합니다. 베드로, 안드레아, 야고보, 그리고 요한 사도는 물고기를 잡고 있을 때 부르심을 받았습니다. 반면 마태오 사도는 세금을 걷고 있을 때 부르심을 받았습니다.

이는 모두 변변치 않은 직업이었습니다. 크리소스토모 성인은 말합니다. "세리보다 비열한 직업은 없고, 어부만큼 일반적인 직업도 없습니다."(〈마태오 복음 강해〉, PL 57,363) 따라서 예수님의 부르심은 일상적인 노동을 해 나가는 비천한 사람들에게까지 이릅니다.

복음서에서 볼 수 있는 또 다른 모습은 마태오 사도가 예수님의 부르심에 곧바로 응답했다는 것입니다. "마태오는 일어나 그분을 따랐다." 이 짧은 문장은 마태오 사도의 즉각적인 응답을 분명하게 강조합니다. 이는 모든 것을, 비록 깨끗하지 못하고 부끄럽지만 안정적인 수입을 보장해 준 그 모든 것을 버린다는 것을 의미했습니다. 예수님과의 친교는 하느님께서 원하시지 않는 행위를 멈추어야 한다는 사실을 마태오 사도는 분명히 이해하고 있었습니다.

이를 우리의 현실에도 간단히 적용해 볼 수 있습니다. 예수님을 따르면서 부정하게 재화를 축적할 수는 없습니다.

예수님이 분명하게 말씀하십니다.

"네가 완전한 사람이 되려거든, 가서 너의 재산을 팔아 가난한 이들에게 주어라. 그러면 네가 하늘에서 보물을 차지하게 될 것이다. 그리고 와서 나를 따라라."(마태 19,21)

마태오 사도가 바로 그렇게 하였습니다. 그는 일어나 예수님을 따랐습니다! "마태오는 일어나"라는 구절에서 죄의 현실에서 벗어나 예수님과 친교를 맺어 새롭고 바르게 살아가려는 의지를 분명하게 볼 수 있습니다.

마지막으로, 초대 교회가 첫 번째 복음서의 기원을 마태오 사도에게 돌렸다는 것을 기억해야 합니다. 이는 서기 130년경 프리지아Frisia의 파피아스 주교 시절에도 이미 알려진 사실이었습니다. 그는 이렇게 기록했습니다. "마태오는 히브리 말로 (주님의) 말씀을 기록하였으며 모든 이들이 그가 최선을 다했던 것처럼 그 말씀을 해석하였습니다."(카이사리아의 에우세비오, 〈교회사〉, III,39,16)

역사가인 에우세비오는 거기에 다음과 같이 덧붙였습니

다. "처음으로 유다인들에게 복음을 선포한 마태오가 다른 민족들을 찾아가기로 결심하였을 때, 그는 자신의 모국어로 선포한 복음을 기록하였습니다. 작별을 앞둔 이들을 위해 자신이 떠나게 되어 잃어버릴 수 있는 내용을 기록에 남기려 애썼습니다."(같은 책, III,24,6)

히브리어나 아람어로 기록된 마태오의 복음서는 더 이상 남아 있지 않습니다. 그렇지만 그리스어 복음서에서 우리를 향한 하느님의 살아 있는 자비를 끊임없이 선포하는 세리 마태오의 설득력 있는 목소리가 여전히 들립니다. 우리 모두 마태오 사도의 소식에 귀를 기울이고 그 말씀을 묵상하여 다시 새롭게 일어나 예수님을 따르는 법을 배워야겠습니다.

2006년 8월 30일

필립보

형제자매 여러분,

그동안 진행해 온 것처럼 오늘은 필립보 사도를 만나게 됩니다. 필립보 사도는 열두 사도의 명단에서 다섯 번째 자리를 차지합니다(마태 10,3; 마르 3,18; 루카 6,14; 사도 1,13 참조). 따라서 그는 분명히 처음으로 부르심을 받은 이들에 속합니다.

필립보 사도는 유다인이었지만 안드레아 사도처럼 그리스 이름을 갖고 있었습니다. 이는 간과해서는 안 될 문화적 개방성에 대한 표징이기도 합니다. 그에 관해서는 요한 복음서에서 찾을 수 있습니다. 베드로와 안드레아 사도처럼 그 역시 헤로데 대왕의 한 아들인 필리포스가 영주(루카 3,1 참조)로 다스리고 있던 벳사이다 출신입니다(요한 1,44 참조).

요한 복음서는 필립보 사도가 예수님의 부르심을 받은 후 나타나엘을 만난 이야기를 자세히 전해 줍니다. "우리는 모세가 율법에 기록하고 예언자들도 기록한 분을 만났소. 나자렛 출신으로 요셉의 아들 예수라는 분이시오."(요한 1,45) 필립보 사도는 나타나엘의 회의적인 대답("나자렛에서 무슨 좋은 것이 나올 수 있겠소?")에도 물러서지 않고 강하게 반박하였습니다. "와서 보시오."(요한 1,46)

건조하지만 분명한 필립보 사도의 응답은 참된 증언의 면모를 보여 줍니다. 그는 신학적인 선포에 만족하지 않고, 자신이 들은 것에 대한 개인적인 체험을 근거로 나타나엘에게 이야기하였습니다.

요한 세례자의 두 제자가 다가와 어디에 묵고 계시는지 물었을 때, 예수님께서는 똑같은 단어를 사용하여 대답하셨습니다. "와서 보아라."(요한 1,38-39 참조)

필립보 사도는 개인적인 동참을 의미하는 두 동사를 통해 우리에게도 이야기하고 있다고 볼 수 있습니다. 그는 나타나엘에게 한 그 말을 우리에게도 건넵니다. "와서 보시오." 필립보 사도는 예수님과 더욱 친밀한 관계를 맺도록 우리를 독려합니다.

사실 타인에 대한 참된 앎이라고 할 수 있는 우정은 친밀함을 필요로 하며, 더 나아가 그 친밀함 속에서 살아갑니다. 더불어 마르코 복음서에 따르면 예수님이 열두 사도를 무엇보다도 '당신과 함께 지내게 하시려고'(마르 3,14 참조) 선택하셨다는 사실을 잊어서는 안 됩니다. 이는 삶을 공유하고, 삶의 모습뿐만 아니라 무엇보다도 당신이 누구인지를 직접적으로 배우도록 하기 위한 것이었습니다.

이렇게 함께 살아감으로써 열두 사도들은 예수님을 알게 되었으며, 결과적으로 그분을 선포할 수 있게 되었습니다.

바오로 사도는 에페소 신자들에게 보낸 서간에서 중요한 것은 '그리스도를 배우는 것'(4,20 참조)이라고 이야기합니다. 따라서 그분의 가르침과 말씀에 귀 기울이는 것뿐만 아니라 오히려 인격적으로 그분을 아는 것이, 그분의 인성과 신성 그리고 그분이 갖고 계신 신비와 아름다움을 아는 것이 중요합니다. 그분은 스승이실 뿐만 아니라 친구이며 형제이십니다.

그렇지만 멀리 떨어져 있는다면 어떻게 예수님을 올바르게 이해할 수 있겠습니까? 가까움, 친숙함, 습관을 통해 우리는 예수 그리스도의 참된 모습을 발견하게 됩니다. 필립보 사도가 이러한 사실을 기억하도록 도와줍니다. 그래서 그는 우리에게 '와서' '보라고' 초대합니다. 매 순간 예수님의 말씀을 듣고 응답하는 관계 속에서 삶의 친교를 나누기 위해서입니다.

오천 명을 먹이신 기적이 일어났을 때, 필립보 사도는 예수님에게서 뜻밖의 요청을 받았습니다. 당신을 따라온 많은 이들이 먹을 수 있을 만큼의 빵을 어디서 살 수 있겠느냐는(요한 6,5 참조) 말씀이었습니다. 필립보 사도는 매우 현실적으로 대답하였습니다. "저마다 조금씩이라도 받아 먹게 하자면 이백 데나리온어치 빵으로도 충분하지 않겠습

니다."(요한 6,7)

이 구절에서 상황에 대한 효과적인 연관성을 판단해 내는 필립보 사도의 실용성과 현실성을 볼 수도 있습니다.

우리는 이 일이 어떻게 흘러갔는지 알고 있습니다. 예수님이 빵을 손에 들고 감사를 드리신 다음 그들에게 나누어 주셨다는 것을 알고 있습니다. 그분은 그렇게 해서 빵을 많아지게 하셨습니다.

이 사화에서 예수님이 도움을 구한 사람이 바로 필립보 사도였다는 사실이 흥미롭습니다. 이는 필립보 사도가 예수님의 가까운 무리에 속했음을 분명하게 보여 주는 신호입니다.

수난 전 과월절에 예루살렘으로 올라온 그리스 사람 몇 명이 필립보 사도에게 다가가 예수님을 뵙고 싶다고 청하였습니다. 필립보 사도가 안드레아 사도에게 이를 전하였고, 그와 함께 예수님에게 말씀드렸습니다(요한 12,20-22 참조).

우리는 여기서 또다시 사도단에서 필립보 사도가 지닌 특별함을 보게 됩니다. 필립보 사도는 그리스 사람들과 예수님을 이어 주는 중개자의 역할을 하고 있었기에 그리스 말을 통역하였을 것입니다. 그리스 사람들이 그리스식 이름을 가진 안드레아 사도에게 가서 말하기는 하였지만, 필립보 사도는 외국어를 할 수 있는 사람이었습니다.

이는 어느 누구의 질문이나 요청이라도 받아들이고 그들을 주님께, 그들을 온전히 충족시켜 주실 수 있는 유일한 분께 인도할 준비가 되어 있어야 함을 가르쳐 줍니다. 그들의 기도가 우리를 향한 것이 아니라 궁극적으로 주님을 향한 것임을 깨닫는 것은 참으로 중요합니다. 우리는 가난한 사람들을 그분께 인도해야 합니다. 그렇게 우리 모두는 그분께 나아가는 하나의 길이 되어야 합니다.

필립보 사도가 그분께 다다르는 문이 되었던 또 다른 결정적인 순간이 있었습니다. 마지막 만찬 때, 당신을 아는 것이 아버지를 아는 것이라는 예수님의 말씀(요한 14,7 참조)에 필립보 사도는 솔직하게 그분께 청하였습니다. "주님, 저희가 아버지를 뵙게 해 주십시오. 저희에게는 그것으로 충분하겠습니다."(요한 14,8) 예수님은 부드럽게 말씀하셨습니다. "필립보야, 내가 이토록 오랫동안 너희와 함께 지냈는데도, 너는 나를 모른다는 말이냐? 나를 본 사람은 곧 아버지를 뵌 것이다. 그런데 너는 어찌하여 '저희가 아버지를 뵙게 해 주십시오.' 하느냐? 내가 아버지 안에 있고 아버지께서 내 안에 계시다는 것을 너는 믿지 않느냐? …… 내가 아버지 안에 있고 아버지께서 내 안에 계시다고 한 말을 믿어라."(요한 14,9-11)

이 말씀은 요한 복음서에서 가장 중요한 구절 가운데 하나입니다. 이 구절은 참되고 올바른 계시를 담고 있습니다. 요한 복음서 서문에서 요한 복음사가는 말합니다. "아무도 하느님을 본 적이 없다. 아버지와 가장 가까우신 외아드님 하느님이신 그분께서 알려 주셨다."(요한 1,18)

이러한 요한 복음사가의 선포는 예수님을 통해 새로운 함축성을 갖게 되었고 분명해졌습니다. 사실 요한 복음서의 서문에서는 예수님의 가르침으로 알게 된 사실만을 서술하고 있습니다. 그러나 예수님은 필립보 사도에게 하신 대답에서 당신 본성에 관해서 말씀하십니다. 즉 당신을 이해하려면 말씀만이 아니라 당신 자신을 받아들여야 한다는 사실입니다.

우리는 하느님이 인간의 얼굴에, 예수님의 얼굴에 당신의 모습을 새겨 놓으셨다는 사실을 분명히 말할 수 있습니다. 따라서 하느님을 뵙고 싶다면, 해야 할 일은 예수님의 얼굴을 바라보는 것입니다. 그분의 얼굴을 통해 우리는 하느님이 누구이시고 어떤 분이신지 알게 됩니다.

요한 복음사가는 필립보 사도가 예수님 말씀에 담긴 완전한 의미를 알아들었는지는 알려 주지 않지만, 필립보 사도가 자신의 삶을 봉헌하였다는 사실은 의심의 여지가 없습니다. 필립보행전 등의 후대 문헌에 따르면, 필립보 사도는 가장 먼저 그리스와 프리지아에 복음을 전하였고, 히에라폴리스Hierapolis에서 고문 끝에 죽음을 맞이하였습니다.

우리들 삶의 지향을 다시 한 번 기억하며 이번 고찰을 마무리합시다. 우리는 필립보 사도처럼 예수님을 만날 수 있기를, 그분 안에서 하늘에 계신 하느님 아버지를 알아볼 수 있기를 바랍니다. 이 노력이 부족할 때, 우리는 자신 안에 갇힐 수밖에 없으며 더욱더 외로워질 것입니다. 필립보 사도는 예수님께 압도되어 그분과 함께하라고, 그리고 이 친교를 나누기 위하여 이웃을 초대하라고 가르칩니다. 하느님을 찾고 알게 되는 가운데 참된 삶을 얻을 수 있도록 가르쳐 줍니다.

2006년 9월 6일

쌍둥이 토마스

형제자매 여러분,

예수님께서 직접 선택하신 열두 사도들과의 만남을 이어 가면서, 오늘은 토마스 사도에 주의를 기울여 봅니다. 신약 성경에 나타난 네 번의 명단 가운데 토마스 사도는 공관 복음서에서는 마태오 사도 다음에(마태 10,3; 마르 3,18; 루카 6,15 참조), 사도행전에서는 필립보 사도 다음에 나옵니다(사도 1,13 참조).

토마스 사도의 이름은 '한 쌍, 쌍둥이'를 뜻하는 히브리어 타암ta'am에서 유래하였습니다. 요한 복음서는 여러 차례 그를 그리스 말로 '쌍둥이'를 뜻하는 '디디무스Didymus' (요한 11,16; 20,24; 21,2 참조)라고 불렀습니다만 그 이유는 명확하지 않습니다.

요한 복음서는 토마스 사도의 인간적인 특징을 그려 볼 수 있는 정보를 제공해 줍니다.

첫 번째로, 삶의 결정적인 순간을 앞두신 예수님이 라자로를 일으키기 위하여 베타니아로 가시는 도중 예루살렘 근처에 이르렀을 때 토마스 사도가 다른 사도들에게 건넨 이야기를 살펴봅니다.

토마스 사도가 동료들에게 말했습니다. "우리도 스승님과 함께 죽으러 갑시다."(요한 11,16) 스승을 따르려는 토마스 사도의 결심은 참으로 모범적이며 우리에게 가치 있는 가르침을 제공합니다. 이 구절은 예수님 곁에 있으려는, 자신과 예수님의 운명을 동일시하고 그분과 함께 죽음을 받아들이려 했던 그의 전적인 자발성을 드러냅니다.

중요한 것은 결코 예수님을 떠나지 않는 것입니다. 복음서에서 '따르다'라는 동사가 사용될 때는 그분이 가시는 곳에 제자들이 반드시 동행했다는 것을 의미합니다.

따라서 그리스도인의 삶은 예수 그리스도와 함께 살아가는 삶으로 정의됩니다. 바오로 사도는 코린토 신자들에게 비슷한 이야기를 전하였습니다. "여러분은 우리 마음속에 자리 잡고 있어서 죽어도 같이 죽고 살아도 같이 살 것입니다."(2코린 7,3) 바오로 사도와 코린토 신자들의 모습은 예수님과 그리스도인들의 관계에도 당연히 적용됩니다. 그분이 우리 안에 계시듯 그분 마음속에서 살아가며 죽어도 같이 죽고 살아도 같이 살아야 합니다.

토마스 사도의 두 번째 특징은 최후의 만찬 때 기록되어 있습니다. 이별을 예상하신 예수님은 당신의 제자들에게 당신을 찾을 수 있도록 그들을 위해 자리를 마련하실 것이라고 말씀하셨습니다. "너희는 내가 어디로 가는지 그 길을 알고 있다."(요한 14,4) 토마스 사도가 나서서 말하였습니다. "주님, 저희는 주님께서 어디로 가시는지 알지도 못하는데, 어떻게 그 길을 알 수 있겠습니까?"(요한 14,5)

이 말로 토마스 사도는 자신의 빈약한 이해력을 드러냈

지만, 예수님에게는 "나는 길이요 진리요 생명이다."(요한 14,6)라는 중요한 말씀을 전할 수 있는 기회가 되었습니다.

이 말씀을 듣고 읽을 때마다 우리는 그분이 토마스 사도에게 말씀하신 것처럼 우리에게도 그 말씀을 건네고 계시다는 마음과 생각으로 토마스 사도 곁에 서 있게 됩니다.

동시에 그의 질문은 우리에게 용기를, 다시 말해 예수님께 설명을 청하는 용기를 또한 선사합니다. 우리는 자주 예수님을 이해하지 못합니다. 다음과 같이 말할 수 있는 용기를 가져봅니다. '주님, 저는 당신을 이해하지 못하겠습니다. 제게 귀 기울여 주시어 이해할 수 있도록 도와주십시오.' 올바른 방식으로 예수님께 기도하고 말씀드리는 이러한 솔직함 속에서 우리는 자신의 부족함을 드러내는 동시에 그분의 빛과 힘을 청하는 사람으로서의 참된 태도를 갖게 됩니다.

토마스 사도가 예수님의 부활을 의심한 일은 잘 알려져 있습니다. 그는 예수님이 다시 나타나셨다는 것을 믿지 못하여 말하였습니다.

"나는 그분의 손에 있는 못 자국을 직접 보고 그 못 자국에 내 손가락을 넣어 보고 또 그분 옆구리에 내 손을 넣어 보지 않고는 결코 믿지 못하겠소."(요한 20,25)

이 구절로 인하여 이제부터는 얼굴이 아니라 상처로 예수님을 알아볼 수 있다는 확신을 갖게 됩니다. 토마스 사도는 예수님을 알아보는 표시가 무엇보다도 그분이 우리를 얼마나 사랑하셨는지를 밝혀 주는 그 상처라는 것을 확신했습니다. 토마스 사도가 틀리지 않았습니다.

예수님이 여드레 뒤에 당신의 제자들에게 다시 나타나셨을 때 토마스 사도도 함께 있었습니다. 예수님이 그에게 말씀하셨습니다. "네 손가락을 여기 대 보고 내 손을 보아라. 네 손을 뻗어 내 옆구리에 넣어 보아라. 그리고 의심을 버리고 믿어라."(요한 20,27)

이에 토마스 사도는 신약 성경 가운데 가장 탁월한 신앙 고백을 하였습니다. "저의 주님, 저의 하느님!"(요한 20,28) 아우구스티노 성인은 이렇게 해설합니다. 토마스 사도는 "그분을 보고 만졌습니다. 그는 볼 수도 만질 수도 없는 하느님을 알아보았습니다. 보고 만져 보았기 때문이었지만 그는 모든 의심을 떨쳐 버렸고, 믿었습니다."(《요한 복음 강해》, 121,5)

요한 복음사가는 토마스 사도에게 하신 예수님의 마지막 말씀을 전해 줍니다. "너는 나를 보고서야 믿느냐? 보지 않고도 믿는 사람은 행복하다."(요한 20,29) 이는 오늘날에도 여전히 유효한 구절입니다. '보지 않고도 믿는 사람은 행복하다.'

이 구절을 통해 예수님은 토마스 사도의 뒤를 잇는 그리스도인들, 즉 우리 모두에게 근본적인 원리를 설명해 주십니다.

중세의 위대한 신학자 토마스 아퀴나스 성인은 "너희가 보는 것을 보는 눈은 행복하다."(루카 10,23)라는 구절과 정반대의 입장을 취합니다. 토마스 아퀴나스 성인은 이렇게 말합니다. "보지 않고도 믿는 사람은 보고 믿는 사람보다 더 칭찬받을 만합니다."(《요한 복음 강독》, XX lectio VI 2566)

약속의 완성을 보지 않고도 하느님을 믿었던 성조들의

이야기를 언급하는 히브리인들에게 보낸 서간에서는 믿음을 "우리가 바라는 것들의 보증이며 보이지 않는 실체들의 확증"(히브 11,1)이라고 정의합니다.

토마스 사도의 예는 세 가지 이유에서 우리에게 중요합니다. 첫째, 불확실성에 있는 우리에게 위로를 줍니다. 둘째, 의심은 불신과 달리 빛나는 결과를 안겨 줄 수 있다는 것을 가르쳐 줍니다. 마지막으로, 그에게 건넨 예수님의 말씀은 신앙의 참된 의미를 알려 주며 어려움 가운데서도 그분을 향한 여정이 계속될 수 있도록 힘을 북돋아 줍니다.

티베리아스 호숫가에서 있었던 기적 사화(요한 21,2 이하 참조)에 토마스 사도와 관련된 마지막 강조점이 기록되어 있습니다.

그 사화에서 토마스 사도는 시몬 베드로 사도 다음으로 언급됩니다. 이는 초대 교회에서 그가 차지하던 중요성에 대한 표징입니다.

외경이지만 그리스도교의 기원에 관한 주요 문헌인 토마스 복음과 토마스행전이 그의 이름으로 저술되었습니다.

마지막으로, 고대 전승은 토마스 사도가 (카이사리아의 에우세비오를 인용하여 오리게네스가 언급했듯이, 〈교회사〉, III, I) 최초로 시리아와 페르시아에 복음을 전한 다음 인도 서부로 갔으며(토마스행전, 1-2.17 이하 참조), 마침내 인도 남부에까지 이르렀음을 증언합니다.

주 하느님이신 예수 그리스도를 믿는 우리에게 지칠 줄 모르는 용기를 안겨 주는 토마스 사도의 선교사적 모습으로 이번 고찰을 마무리하겠습니다.

2006년 9월 27일

바르톨로메오

형제자매 여러분,

예수님이 당신의 지상 여정 동안 부르신 사도들에 관한 연속된 고찰 가운데 오늘 우리가 주의를 기울일 인물은 바르톨로메오 사도입니다. 열두 사도의 명단에서 그는 언제나 마태오 사도에 앞서 언급됩니다. 그렇지만 바르톨로메오 사도보다 먼저 언급되는 사도는 다양한데, 필립보 사도(마태 10,3; 마르 3,18; 루카 6,14 참조)나 토마스 사도(사도 1,13 참조)가 그러합니다.

바르톨로메오 사도의 이름에서 아버지 이름이 분명하

게 드러나기에, 그 이름은 선조에게서 물려받은 이름일 것입니다. 사실 '탈마이의 아들'을 의미하는 바르 탈마이bar Talmay는 아람어적 흔적을 가진 이름입니다.

바르톨로메오 사도에 관해서는 특별한 정보가 있는 것은 아닙니다. 그의 이름은 언제나 위의 구절에 나타난 열두 사도의 명단에서만 언급되며, 어떠한 사화에서도 중점적으로 다루지 않습니다.

하지만 전통적으로 바르톨로메오 사도는 나타나엘로 알려져 왔습니다. 그 이름은 '하느님께서 마련해 주신다'는 뜻입니다.

나타나엘은 카나 출신이었기에(요한 21,2 참조) 예수님이 행하신(요한 2,1-11 참조) 놀라운 '표징'들을 목격하였을 것입니다. 요한 복음서에서 자세히 기술된 것처럼 필립보 사도가 부르심을 받던 그 자리에 나타나엘이 함께 있었다는 사실이 두 사람의 정체성을 드러내 줍니다. 다시 말해서, 다른 복음서에 나타난 사도들의 명단에서 바르톨로메오 사도가 차지하는 위상을 알려 줍니다.

필립보 사도는 나타나엘에게 자신이 "모세가 율법에 기록하고 예언자들도 기록한 분"을, "나자렛 출신으로 요셉의 아들 예수라는 분"(요한 1,45)을 만났다고 전했습니다. 우리가 아는 것처럼, 나타나엘의 반응은 깊은 편견에 사로잡혀 있었습니다. "나자렛에서 무슨 좋은 것이 나올 수 있겠소?"(요한 1,46) 이러한 편견은 우리에게도 중요한 의미를 갖습니다. 유다이즘에 따르면 나자렛과 같은 변두리 지역에서 메시아가 나올 수 없었습니다.

하지만 나타나엘의 편견은 그분에 대한 희망을 거두는 바로 그 자리에서 당신을 찾을 수 있도록 이끌어 주시어 우리의 잘못된 생각을 바로 잡아 주시는 하느님의 자유로움을 강조하는 것이기도 합니다. 우리는 사실상 예수님이 '나자렛 출신'이 아니라 베들레헴에서 탄생하셨음(마태 2,1; 루카 2,4 참조)을 알고 있으며 궁극적으로는 하늘에서, 하늘에 계신 아버지께로부터 오셨음을 알고 있습니다.

나타나엘의 반응에서 또 다른 생각거리를 찾을 수 있습니다. 우리와 예수님의 관계가 말로만 그쳐서는 안 됩니다.

필립보 사도의 응답은 나타나엘에게 의미 깊은 초대였습니다. "와서 보시오."(요한 1,46) 예수님에 관한 앎은 무엇보다도 직접적인 체험을 필요로 합니다. 물론 다른 이의 증언도 중요합니다. 일반적으로 그리스도교 삶의 전반은 증언을 통한 선포로부터 시작되기 때문입니다.

하지만 예수님과의 친밀하고 깊은 개인적 관계는 스스로 맺어야 합니다. 사마리아 사람들은 야곱의 우물가에서 예수님을 만난 여인의 증언을 듣고 그분과 직접 이야기하고 싶어 했으며, 그분과 대화를 나눈 다음 그 여인에게 말하였습니다. "우리가 믿는 것은 이제 당신이 한 말 때문이 아니오. 우리가 직접 듣고 이분께서 참으로 세상의 구원자이심을 알게 되었소."(요한 4,42)

다시 나타나엘을 부르셨던 장면으로 돌아가서, 예수님은 나타나엘이 다가오는 것을 보시고 말씀하셨습니다. "보라, 저 사람이야말로 참으로 이스라엘 사람이다. 저 사람은 거짓이 없다."(요한 1,47) 이 말씀에서 시편의 한 구절이 떠오릅니다. "행복하여라, …… 그 얼에 거짓이 없는 사람!"

(32,2) 나타나엘은 이 말씀에 호기심이 일어 묻습니다. "저를 어떻게 아십니까?"(요한 1,48)

예수님의 대답이 쉽게 이해되질 않습니다. 그분이 말씀하셨습니다. "필립보가 너를 부르기 전에, 네가 무화과나무 아래에 있는 것을 내가 보았다."(요한 1,48) 무화과나무 아래에서 어떤 일이 벌어졌는지 알 수 없습니다. 그렇지만 나타나엘에게는 결정적인 순간이었음이 분명합니다.

나타나엘은 예수님의 말씀에 마음이 움직였습니다. 자신이 이해받고 있다고 느꼈습니다. '이분은 나에 관해서 모든 것을 아시고 생명의 길을 아시며 그 길에 가깝게 계신다. 나는 참으로 이분을 신뢰할 수 있다.' 따라서 그는 아름답고 확고한 신앙 고백으로 응답하였습니다. "스승님, 스승님은 하느님의 아드님이십니다. 이스라엘의 임금님이십니다."(요한 1,49) 이 고백으로 그는 예수님을 향한 여정의 첫걸음을 내딛게 되었습니다.

나타나엘의 고백은 예수님의 정체성에 관한 두 가지 측면을 밝혀 줍니다. 나타나엘은 그분이 아버지 하느님에게는 외아드님이시고 이스라엘 백성에게는 메시아로 묘사되는 합당한 임금이시라는 사실을 깨달았습니다. 우리도 이 두 가지 사실을 모두 잊지 말아야 합니다. 왜냐하면 예수님의 신성만을 강조하여 그분을 덧없는 천상적 존재로 여기거나 혹은 역사적인 확실성만을 고려하여 그분의 신성을 부정하게 될 수도 있기 때문입니다.

바르톨로메오(나타나엘) 사도의 이후 선교 활동에 대해서는 정보가 빈약합니다. 4세기경의 역사 학자인 에우세비오가 전하는 바에 따르면, 판테노Pantaenus 성인이 인도에서 바르톨로메오 사도의 흔적을 발견했다고 합니다(〈교회사〉, V,10,3).

살가죽을 벗겨내는 처형으로 맞이한 바르톨로메오 사도의 죽음이 중세 시대부터 널리 알려지게 되었습니다. 시스틴 경당에 있는 유명한 최후의 심판의 한 장면을 떠올리면 됩니다. 미켈란젤로는 왼손에 자신의 피부를 들고 있는 바르톨로메오 성인을 그려 넣었으며, 그 그림에 자신의 초상을 남겨 놓았습니다.

바르톨로메오 성인은 이곳 로마의 테베레 섬에 세워져 그에게 봉헌된 교회에 안치되어 있는데, 많은 공경을 받고 있습니다. 이 유해는 983년 독일 황제인 오토 3세에 의해 이곳에 모셔졌다고 전해집니다.

결론적으로 우리는 바르톨로메오 성인에 관해서 많이 알지는 못합니다. 그렇지만 놀라운 업적을 이룩하지 않고서도 예수님과의 친밀함을 살아갈 수 있으며 증언할 수 있다는 사실을 알 수 있습니다. 우리 모두를 당신의 삶과 죽음을 위해 봉헌하도록 부르시는 예수님은 놀라운 분이시며 영원히 그러하실 것입니다.

2006년 10월 4일

시몬과 유다

친애하는 형제자매 여러분,

오늘은 열두 사도 가운데 가나안 사람 시몬과 유다 타대오(유다 이스카리옷과 혼동하지 마십시오.) 두 사람을 같이 살펴보겠습니다. 이는 그들이 열두 사도 명단에 언제나 붙어 있기 때문만이 아니라(마태 10,3.4; 마르 3,18; 루카 6,16; 사도 1,13 참조), 비록 신약 성경의 정경 목록에 유다 타대오의 서간이 있지만 그들에 관한 정보가 매우 적기 때문입니다.

시몬 사도는 네 복음서에서 다양한 별명으로 불립니다. 마태오와 마르코 복음서에서는 시몬 사도를 '가나안 사람

Cananaean'이라고 묘사하는 반면, 루카 복음서에서는 '열혈당원Zealot'이라고 부릅니다.

두 별명은 사실 같은 의미를 갖고 있습니다. 히브리 말에서 동사 '카나qanà'는 '샘이 많은', '열심인'이라는 뜻을 갖습니다. 두 가지 의미를 지닌 이 단어는 선택된 백성에 대한 염려를 드러내시는 하느님(탈출 20,5 참조)을 묘사할 때도 사용되었고, 엘리야 예언자(1열왕 19,10 참조)처럼 완전한 헌신으로 한 분이신 하느님에 대한 봉사에 열정을 사르는 사람을 표현할 때도 사용되었습니다.

따라서 시몬 사도가 열혈당원이었음을 확신하지 못한다 하더라도 그를 적어도 자신의 유다적 정체성에 대한 열정, 즉 하느님과 민족 그리고 율법에 대한 열정이 가득했던 사람으로 추정할 수 있습니다.

그렇다고 한다면, 시몬 사도는 부정한 사람으로 간주되었던 세리 마태오와는 전혀 다른 부류에 속하는 사람이었습니다. 이는 예수님이 다양한 사회적·종교적 배경의 사람들을 당신의 제자와 협력자로 부르셨다는 것을 보여 줍니다.

예수님의 관심은 계급이나 사회적 지위가 아니라 사람이었습니다. 놀라운 것은 추종자들의 다양성으로 인한 어려움 속에서도 그들 모두가 함께 지냈다는 사실입니다. 예수님 때문에 그들이 모일 수 있었고, 그분 안에서 그들은 서로 일치되었습니다.

이는 예수 그리스도를 통하여 분열을 극복할 수 있는 힘이 주어졌다는 사실을 잊고 차별과 대립을 앞세우는 우리 모두에게 분명한 교훈이 됩니다.

열두 사도는 다양한 카리스마, 민족, 인종, 인간적 소양들이 예수님과의 친교 안에서 지체와 일치를 이루는 교회의 원형이라는 사실을 우리는 기억해야 합니다.

전통적으로 유다 타대오 사도는 두 개의 다른 별명으로 불립니다. 마태오와 마르코 복음서에서는 그를 단순히 "타대오"(마태 10,3; 마르 3,18)라고 부르는 반면, 루카 복음서에서는 "야고보의 아들 유다"(루카 6,16; 사도 1,13)라 부릅니다.

'타대오'의 기원은 확실치 않으나 '가슴'이라는 아람어 '타다taddà'에서 비롯되어 '넓은 마음'을 뜻하는 단어로 이해되기도 하고, 혹은 '테오도로Teodòro, 테오도토Teòdoto'와 같은 그리스 이름의 축약형으로 설명되기도 합니다.

유다 타대오 사도에 관해서는 알려진 바가 거의 없습니다. 요한 복음서에서만 그가 최후의 만찬 때 예수님께 "주님, 저희에게는 주님 자신을 드러내시고 세상에는 드러내지 않으시겠다니 무슨 까닭입니까?"(요한 14,22)라고 말씀드렸다고 전해 줍니다.

이 구절은 우리 역시 주님께 끊임없이 드리는 요청입니다. 왜 부활하신 주님은 당신을 적대시하는 이들이 결국 하느님께서 승리하신다는 것을 알 수 있도록 스스로를 드러내시지 않으실까요? 그분은 왜 당신 제자들에게만 모습을 드러내실까요? 이에 대한 예수님의 대답은 신비롭고 본질적입니다. "누구든지 나를 사랑하면 내 말을 지킬 것이다. 그러면 내 아버지께서 그를 사랑하시고, 우리가 그에게 가서 그와 함께 살 것이다."(요한 14,23)라고 주님이 말씀하십니다.

이는 부활하신 분을 마음으로 분명히 보고 알아들을 수 있으며, 그렇게 하느님은 우리들 안에 당신의 자리를 마련하신다는 것을 의미합니다. 주님은 어떤 물건처럼 눈에 보이는 분이 아닙니다. 그분은 우리 삶에 들어오고 싶어 하십니다. 때문에 그분의 현존은 열린 마음을 필요로 합니다.

특정한 지역 교회가 아니라 보편 교회를 위해 저술된 '가톨릭 서간' 가운데 한 권이 유다 타대오 사도의 저작으로 이해되고 있습니다. 실제로 이 서간은 "부르심을 받은 이들, 곧 하느님 아버지께서 사랑하시고 예수 그리스도께서 지켜 주시는 이들에게"(유다 1)라고 이야기합니다.

이 서간의 주요 관심사는 교회에서 하느님의 은총을 방탕한 생활의 방편으로 악용하고 거짓 가르침으로 형제들을 넘어지게 만드는 "꿈꾸는 자들"(유다 8)로부터 그리스도인들을 보호하려는 것이었습니다.

"꿈꾸는 자들"이라는 말은 유다 타대오 사도가 그들의 가르침과 특이한 사고를 어떻게 정의하고 있는지를 보여줍니다. 그는 그들을 타락한 천사에 비유하기도 하며 "카인의 길을 따라"(유다 11) 걷고 있다고 분명하게 이야기합니다.

더 나아가 그는 망설임 없이 그들을 "바람에 떠밀려 가 버리는 메마른 구름이고, 늦가을까지 열매 하나 없이 두 번이나 죽어 뿌리째 뽑힌 나무이며, 자기들의 수치스러운 행실을 거품처럼 뿜어 올리는 거친 바다 물결이고, 짙은 암흑에 영원히 갇힐 떠돌이 별"(유다 12-13)로 여겼습니다.

이러한 극단적인 표현에 익숙치 않더라도, 이 구절은 오늘날 우리에게 중요한 사실을 알려 줍니다. 현대의 그 모든 시류 속에 자리한 유혹에도 우리는 우리들 신앙의 본모습을 지켜 내야 합니다. 물론 제2차 바티칸 공의회를 통해 마련된 관용과 대화의 길 역시 굳건히 그리고 지속적으로 추구해야 합니다.

대화는 분명히 필요합니다. 그렇지만 그것이 그리스도인으로서 본연의 모습이 지닌 중요하고 결정적인 측면을 숙고하고 강조해야 하는 우리의 소명을 잊도록 만들어서는 안 됩니다. 더 나아가 모순적인 세상 속에서 우리의 본모습을 지켜 나가려면 힘, 투명성 그리고 용기를 필요로 한다는 사실을 분명히 마음에 새기고 살아가야 합니다.

서간에는 이렇게 기록되어 있습니다. "그러나 사랑하는 여러분, 여러분은 지극히 거룩한 믿음을 바탕으로 성장해 나아가십시오. 성령 안에서 기도하십시오. 하느님의 사랑 안에서 자신을 지키며, 영원한 생명으로 이끌어 주시는 우리 주 예수 그리스도의 자비를 기다리십시오."(유다 20-22)

서간은 다음과 같은 아름다운 구절로 마무리됩니다. "여러분이 넘어지지 않도록 지켜 주시고 당신의 영광 앞에 흠 없는 사람으로 기쁘게 나서도록 해 주실 수 있는 분, 우리의 유일하신 구원자 하느님께, 우리 주 예수 그리스도를 통하여 영광과 위엄과 권능과 권세가 창조 이전부터, 그리고 이제와 앞으로 영원히 있기를 빕니다. 아멘."(유다 24-25)

우리는 이 서간의 저자가 신앙의 완성, 도덕적 완전성과 기쁨 그리고 신뢰과 찬양 같은 고귀한 현실을 살아왔다는 사실을 알 수 있습니다. 왜냐하면 그 모든 것은 한 분이신 하느님의 선함과 우리 주 예수 그리스도의 자비로움에서만 비롯될 수 있기 때문입니다.

따라서 분명하면서도 평화롭게 증언하는 방법을 알고 있는 가나안 사람 시몬과 유다 타대오 사도는 그리스도교 신앙의 아름다움을 새롭게 되찾고 살아갈 수 있도록 우리를 도울 것입니다.

2006년 10월 11일

유다 이스카리옷과 마티아

형제자매 여러분,

예수님이 직접 선택하신 열두 사도들의 변모를 살펴보는 우리의 발걸음을 마무리 지으면서, 오늘은 그 명단에서 언제나 마지막에 등장하는 인물에 대해 언급하지 않을 수 없습니다. 바로 유다 이스카리옷과 그의 빈자리를 채우기 위하여 뽑힌 마티아 사도입니다.

그리스도인들에게 유다라는 이름은 비판과 비난이라는 본능적인 반응을 불러일으킵니다.

'유다'라는 이름은 그 의미에 논란의 여지가 있습니다.

일반적으로 그를 헤브론Hebron 근처 마을인 '크리욧Kerioth' 출신으로 설명하는데, 그 마을은 성경에서 두 번 언급되고 있습니다(여호 15,25; 아모 2,2 참조). 혹은 그 이름을 단검sica으로 무장한 전사를 뜻하는 '자객sicario'이 변형된 것으로 해석하기도 합니다.

최근에는 '그분을 넘겨준 사람'이라는 히브리-아람어적 의미로 해석하기도 합니다. 관련된 구절이 복음서에 두 군데 나오는데, 베드로 사도의 신앙 고백 후(요한 6,71 참조) 그리고 베타니아에서 향유로 벌어진 일화(요한 12,4 참조)에서입니다.

다음 구절들은 배반이 모색되고 있었음을 보여 주는데, 최후의 만찬 때 배반에 관해 이야기하시고 나서(마태 26,25 참조), 그리고 예수님께서 잡히시던 순간(마태 26,46.48; 요한 18,2.5 참조) '그분을 팔아넘길 자'라고 이야기합니다. 더 나아가 열두 사도의 명단은 이미 완결된 사건으로서 배반을 이야기합니다. 마르코 복음서에서는 "예수님을 팔아넘긴 유다 이스카리옷"(3,19)이라고 기록하였으며, 마태오 복음서(10,4 참조)와 루카 복음서(6,16 참조) 역시 동일한 형식으로 이야기합니다.

배반은 두 시점에서 일어났습니다. 먼저, 은전 서른 닢에 예수님을 넘겨주기로 약속한 계획(마태 26,14-16 참조) 속에서, 그리고 겟세마니에서 스승에게 입을 맞춘 실행(마태 26,46-50 참조)을 통해서였습니다.

이러한 이해 가운데서도 복음사가들은 사도로서 유다의 위치를 이야기합니다. 그는 언제나 "열두 제자 가운데 하나"(마태 26,14.47; 마르 14,10; 루카 22,3; 요한 6,71) 혹은 "열둘 가운데 하나"(마르 14,20)였습니다.

예수님은 유다에게 더욱 분명하게 "너희 가운데 한 사람"(마태 26,21; 마르 14,18; 요한 13,21), "너희 가운데 하나"(요한 6,70)라고 말씀하셨습니다. 베드로 사도 역시 유다에 관하여 "우리 가운데 한 사람으로서 우리와 함께 이 직무를 받았습니다."(사도 1,17)라고 이야기합니다.

이렇듯 유다는 예수님의 동반자와 협력자로 선택된 무리에 속한 사람이었습니다. 이러한 사실에서 우리는 두 가지 의문을 품을 수 있습니다.

첫째는, 어떻게 예수님이 이러한 사람을 선택하고 그를 신뢰하셨는지를 묻게 됩니다. 유다는 무리의 돈주머니를 맡고 있었는데(요한 12,6; 13, 29 참조), 사실 "도둑"(요한 12,6)으로 여겨졌습니다.

무엇보다도 예수님이 "불행하여라, 사람의 아들을 팔아넘기는 그 사람!"(마태 26,24)이라고 입장을 밝히셨기 때문에, 여전히 그 선택은 신비로 남아 있습니다.

유다가 "뉘우치고서는, 그 은전 서른 닢을 수석 사제들과 원로들에게 돌려주면서 '죄 없는 분을 팔아넘겨 죽게 만들었으니 나는 죄를 지었소.'라고 말하였다."(마태 27,3-4)라는 구절로 그의 숙명을 둘러싼 신비는 더욱 불투명해집니다. 그가 스스로 목숨을 버렸지만(마태 27,5 참조), 그의 행동에 대한 판단은 우리의 몫이 아닙니다. 우리 역시 하느님의 무한한 자비와 정의에 의탁하고 있는 사람들이기 때문입니다.

두 번째 의문은 유다의 행동에 대한 동기와 관련이 있습니다. 유다는 어째서 예수님을 배반했을까요? 이러한 의문은 여러 가지 이론들을 불러일으켰습니다. 어떤 이는 돈에 대한 그의 탐욕을 이야기합니다. 또 다른 이들은 메시아적 원리에 대한 해석을 제시합니다. 즉 유다는 예수님이 민족의 정치적·군사적 해방이라는 과제에 적합하지 않은 분이라는 사실을 깨닫고 나서 실망하게 되었다는 것입니다.

복음서 본문들은 다른 측면에서 이야기합니다. 요한 복음서에서는 "악마가 이미 시몬 이스카리옷의 아들 유다의 마음속에 예수님을 팔아넘길 생각을 불어넣었다."(요한 13,2)라고 말합니다. 루카 복음서에서도 비슷하게 "사탄이 열두 제자 가운데 하나로 이스카리옷이라고 하는 유다에게 들어갔다."(루카 22,3)라고 기록하였습니다.

몇몇 이들은 이 구절을 통해 악마의 유혹에 넘어간 유다의 개인적 책임에 무게를 두어 역사적 동기와 해석을 간과하기도 합니다.

그 어떤 설명이든지 유다의 배반은 하나의 신비입니다. 예수님은 그를 친구로 대하셨습니다(마태 26,50 참조). 그러나 당신의 뒤를 따르라는 그분의 초대는 인간의 자유를 존중하기 때문에, 의지를 강제하지도 사탄의 유혹으로부터의 보호를 약속하지도 않습니다.

실제로 사람의 마음을 어지럽게 만드는 가능성은 참으로 많습니다. 그 가능성들을 방지하는 유일한 방법은 주관적이고 자율적인 시각을 함양시킴으로써가 아니라, 언제나 스스로를 예수님 곁에 서 있도록 함으로써 그분의 시선을 취하는 것입니다. 우리는 그분과 완전한 친교를 이루도록 끊임없이 애써야 합니다.

우리는 베드로 사도 역시 그분을 거부하고 싶어 했으며 예루살렘에서 있었던 일로 매우 심한 질책을 받았다는 사실을 기억해야 합니다. "너는 하느님의 일은 생각하지 않고 사람의 일만 생각하는구나."(마르 8,33)

베드로 사도는 자신의 배반을 뉘우치고 용서와 은총을 구하였습니다. 유다 역시 후회하였지만, 그는 절망으로 빠져들어 결국 스스로 목숨을 끊었습니다.

베네딕토 성인은 자신의 '규칙서' 제5장의 이야기를 언제나 기억하라고 우리를 초대합니다. "결코 하느님의 자비를 포기하지 마십시오." 요한 성인이 이야기하는 것처럼 하느님께서는 '우리의 마음보다 크십니다.'(1요한 3,20 참조)

우리는 두 가지를 기억해야 합니다. 예수님은 우리의 자유를 존중해 주신다는 것과 우리의 뉘우침과 회개를 기다리신다는 것입니다. 그분은 자비와 용서가 충만한 분이십니다.

더불어 유다의 악행을 살펴볼 때, 우리는 하느님께서 이끄시는 고귀한 방식에 따라 그 일을 숙고해 보아야 합니다. 그의 배반은 예수님의 죽음으로 이어졌습니다. 예수님은 아버지께 당신 자신을 내맡기심으로써(갈라 2,20; 에페 5,2.25 참조) 이 엄청난 고통을 구원의 사랑이 피어나는 자리로 변화시키셨습니다.

'배신하다'라는 단어는 그리스 말에서 '맡기다'라는 의미를 지닙니다. 때로는 하느님께서 직접적인 주체가 되기도 하십니다. 사랑 때문에 우리 모두를 위하여 예수님을 '내어주신' 분이 그분이셨습니다(로마 8,32 참조). 신비로운 구원

계획 안에서 하느님께서는 유다의 용서받을 수 없는 행동을 세상 구원을 위하여 외아들이 봉헌하는 완전한 선물의 기회로 받아들이셨습니다.

결과적으로 우리는 부활 이후 배반자의 빈자리에 뽑힌 한 사람을 기억합니다. 예루살렘 교회에서 두 사람이 천거되었고, 그들을 두고 제비를 뽑았습니다. "바르사빠스라고도 하고 유스투스라는 별명도 지닌 요셉과 마티아"(사도 1,23)였습니다.

그 가운데 마티아 사도가 선택되어 '열한 사도와 함께 사도가 되었습니다.'(사도 1,26 참조) 우리는 그가 예수님의 그 모든 지상 여정의 증인이었고(사도 1,21-22 참조) 끝까지 그분을 믿었다는 사실 외에는 아무것도 모릅니다. 하느님께서는 그의 믿음에 부르심을 더하시어 유다의 배반을 상쇄시키고 그의 빈자리를 채우게 하셨습니다.

이러한 사실에서 우리는 한 가지 가르침을 얻습니다. 교회 안에도 부끄럽고 반항적인 그리스도인들이 있습니다. 그렇지만 우리는 예수 그리스도를 증거함으로써 그들이 저지른 악행에 균형을 맞출 수 있습니다. 그것이 우리 모두에게 맡겨진 몫입니다.

2006년 10월 18일

타르수스의 바오로

형제자매 여러분,

우리는 예수님이 직접 선택하신 열두 사도에 관한 고찰을 끝냈습니다. 오늘부터는 초대 교회의 다른 중요한 인물들을 살펴보겠습니다.

그들 역시 주님과 복음 그리고 교회를 위하여 자신의 생명을 봉헌하였습니다. 루카 복음사가가 사도행전에 기록하였듯이 "우리 주 예수 그리스도의 이름을 위하여 목숨을 내놓은"(15,26) 사람들이 있었습니다.

부활하신 주님의 부르심으로 참된 사도가 된 이들 가운

데 첫째 인물은 다름 아닌 타르수스의 바오로입니다. 그는 초대 교회만이 아니라 전체 교회 역사 안에서 빛을 발하는 별들 가운데서도 샛별과 같은 존재입니다. 요한 크리소스토모 성인은 그를 수많은 천사와 대천사에 견줄 만한 위대한 사람으로 찬양하였습니다⟨⟨송가Panegirico⟩, 7,3 참조⟩. 사도행전(9,15 참조)에서 영감을 받은 《단테의 신곡》에서 단테는 하느님이 선택하신 도구라는 의미를 지닌 "선택된 그릇"(⟨지옥편⟩, 2,28)으로 그를 묘사합니다. 또 다른 이들은 그를 '열세 번째 사도' 혹은 직접적으로 '그분 다음으로 첫째가는 사람'으로 불렀습니다.

바오로 사도는 초대 교회의 인물들 가운데 예수님 다음으로 정보를 많이 접할 수 있는 사람입니다. 루카 복음사가가 사도행전에서 사화를 전해 줄 뿐만 아니라, 여러 서간문이 우리 손에 있어 그가 직접 손으로 기록한 자신의 개성과 생각들을 드러내 줍니다.

루카 복음사가는 그의 본명이 "사울"(사도 7,58; 8,1)이라고 전해 줍니다. 히브리어로도 사울 임금(사도 13,21 참조)과 같은 사울(사도 9,14.17; 22,7. 13; 26,14 참조)이었으며, 아나톨리아와 시리아 사이에 위치한 타르수스에서 태어난, 디아스포라 출신의 유다인이었습니다.

바오로 사도는 랍비 가말리엘에게 율법을 배우려고 예루살렘으로 올라갔습니다(사도 22,3 참조). 천막을 짓는 기술도 배웠는데(사도 18,3 참조), 그 덕분에 나중에 교회 공동체에 부담을 안겨 주지 않고 자신의 생계를 이어 갈 수 있었습니다(사도 20,34; 1코린 4,12; 2코린 12,13 참조).

예수님의 제자 공동체를 알게 된 일은 그에게 중요했습니다. 바오로 사도는 새로운 신앙을, 새로운 '길'을 듣게 되었습니다. 그에게 그것은 마치 하느님의 율법이 아니라 십자가에 못 박혔다가 부활했고 죄의 용서를 베푸는 예수라는 사람을 중심에 두라는 이야기로 들렸습니다. 열정적인 유다인으로서 그는 이러한 이야기를 받아들일 수 없었고 치욕적인 것으로 여겨 그리스도를 추종하는 사람들을 붙잡는 것이 자신의 의무라고 생각했습니다.

"그리스도 예수님께서 이미 나를 당신의 것으로 차지"(필리 3,12)하셨다고 바오로 사도 스스로 증언한 일은 서기 30년대 초반 다마스쿠스로 가는 길에서 일어났습니다. 루카가 부활하신 분의 빛이 어떻게 그를 어루만졌으며 그의 삶을 근본에서부터 변화시켰는지에 대해 아주 세세히 그 사건을 서술합니다. 바오로 사도 스스로는 바로 핵심에 들어가 발현(1코린 9,1 참조)과 빛(2코린 4,6 참조)에 관하여, 그리고 무엇보다 부활하신 그분과의 만남 안에서 이루어진 계시와 부르심(갈라 1,15-16 참조)에 대해서 이야기합니다.

바오로 사도는 자신을 '부르심을 받은 사도'(로마 1,1; 1코린 1,1 참조) 혹은 '하느님의 뜻에 따른 사도'(2코린 1,1; 에페 1,1; 콜로 1,1 참조)로 규정했습니다. 이는 자신의 회심이 생각이나 사상의 발전에 따른 결과가 아니라 하느님의 역사에 따른 열매, 헤아릴 수 없는 하느님 은총의 열매라는 사실을 강조하려는 뜻이었습니다.

바오로 사도가 이야기하는 것처럼 이전까지 소중했던 모든 것들은 그 가치를 잃어버리고 쓰레기가 되었습니다(필리 3,7-10 참조). 그때부터 그는 모든 힘을 예수 그리스도와 복음을 위한 봉사에만 쏟아부었습니다. 그의 실존은 아 낌없이 "모든 이에게 모든 것"(1코린 9,22)이 되고자 했던 사도의 모습이 되었던 것입니다.

여기서 우리는 중요한 가르침을 얻게 됩니다. 삶의 중심에 예수 그리스도를 모셔야 한다는 것입니다. 만남을 통해 그리스도와의 친교 그리고 말씀과의 친교가 이루어져 우리의 정체성이 본질적으로 드러나기 때문입니다. 그분의 빛 안에서 다른 모든 가치들이 제자리를 찾고 온갖 더러움에서 깨끗해질 수 있습니다.

바오로 사도를 통해 얻게 되는 또 다른 가르침은 그의 사도직을 특징지어 주는 보편적 관용입니다. 예수 그리스도를 통하여 모든 이에게 구원을 선사해 주시는 하느님을 알고자 원했던 이방인들과 이교도들에 관한 문제의 심각성을 깨달은 그는 이 복음을, 글자 그대로 '기쁜 소식'을 선포하고 하느님, 자신, 그리고 이웃과 화해하도록 이끌어 주는 은총을 알리는 데에 헌신하였습니다.

하느님은 모든 이들의 하느님이시기 때문에, 처음부터

그는 복음이 유다인들이나 특정한 무리에게만 해당되는 것이 아니라 보편적인 가치를 지니고 있으며 모든 이에게 해당된다는 현실을 이해하고 있었습니다.

바오로 사도의 여정이 시작된 곳은 시리아에 있는 안티오키아 교회였습니다. 그곳에서 처음으로 복음이 그리스인들에게 전해졌고, 또한 그리스도를 믿는 이들을 '그리스도인'이라 부르게 되었습니다(사도 11,20.26 참조).

바오로 사도는 그곳에서 시작하여 먼저 키프로스로 갔으며 이후 여러 차례에 걸쳐 소아시아 지역(피시디아, 이코니온, 갈라티아)과 유럽(마케도니아, 그리스)을 방문하였습니다. 에페소, 필리피, 테살로니카와 같은 유명한 도시들도 방문하였으며, 베로이아, 아테네, 밀레토스도 잊지 않았습니다.

사도직 수행에 어려움이 많았지만 그는 용기를 갖고 그리스도에 대한 사랑으로 그 어려움들과 맞섰습니다. 그는 스스로 견뎌 낸 일들을 이렇게 회상했습니다.

"수고 …… 옥살이 …… 매질 …… 죽을 고비 …… 채찍으로 맞은 것이 세 번, 돌질을 당한 것이 한 번, 파선을 당한 것이 세 번입니다. 밤낮 하루를 꼬박 깊은 바다에서 떠다니기도 하였습니다. 자주 여행하는 동안에 늘 강물의 위험, 강도의 위험, 동족에게서 오는 위험, 이민족에게서 오는 위험, 고을에서 겪는 위험, 광야에서 겪는 위험, 바다에서 겪는 위험, 거짓 형제들 사이에서 겪는 위험이 뒤따랐습니다. 수고와 고생, 잦은 밤샘, 굶주림과 목마름, 잦은 결식, 추위와 헐벗음에 시달렸습니다. 그 밖의 것들은 제쳐 놓고서라도, 모든 교회에 대한 염려가 날마다 나를 짓누릅니다."(2코린 11,23-28)

이 서간문과 로마서(15,24.28 참조)에는 서쪽 끝에 있는 스페인, 땅 끝이라고 알려진 곳에 이르기까지 복음을 선포하고 싶어 하는 그의 원의가 나타나 있습니다. 이와 같은 사람을 어떻게 존경하지 않을 수 있겠습니까? 이러한 사도를 보내 주신 주님께 어떻게 감사드리지 않을 수 있겠습니까?

바오로 사도는 극복해 낼 수 없는 한계는 없다는 사실에 앞서 궁극적인 가치에 대해서 합리적 근거를 가지고 있었습니다. 그렇지 않았더라면 분명 그와 같은 어려움과 곤란

한 상황들을 마주 대할 수 없었을 것입니다. 우리가 잘 알 듯이, 바오로 사도에게 그 근거는 예수 그리스도였습니다. 그는 그분에 관해서 이렇게 적어 놓았습니다. "그리스도의 사랑이 우리를 다그칩니다. …… 살아 있는 이들이 이제는 자신을 위하여 살지 않고, 자기들을 위하여 돌아가셨다가 되살아나신 분을 위하여 살게 하시려는 것입니다."(2코린 5,14-15)

실제로 바오로 사도는 네로 황제 치세 때 이곳 로마에서 순교하였으며, 우리는 그의 유물들을 소중히 간직하고 있습니다. 클레멘스 교황은 초세기 무렵 그에 관하여 이렇게 기록하였습니다. "바오로 사도는 시기와 불협화음을 통해 사람이 인내의 열매를 어떻게 맺을 수 있는지를 우리에게 보여 주었습니다. …… 세상에 있는 모든 이들에게 의로움를 선포하고 서방 세계에 도착한 이후, 그는 통치자들에 의해 순교를 당하였습니다. 이렇게 그는 이 세상과 작별하여 거룩한 자리에 이르게 되어 위대한 인내의 모범이 되었습니다."(〈코린토인들에게 보낸 서간〉, 5)

주님, 우리가 바오로 사도의 권고를 실천할 수 있도록 도와주소서. "내가 그리스도를 본받는 것처럼 여러분도 나를 본받는 사람이 되십시오."(1코린 11,1)

2006년 10월 25일

바오로 사도의 새로운 전망

형제자매 여러분,

2주일 전 교리 교육에서는 바오로 사도의 생애에서 중요한 사건들의 윤곽을 그려 보았습니다. 바오로 사도가 다마스쿠스로 가는 도중 그리스도와 만나면서 삶이 글자 그대로 얼마나 뒤흔들렸는지 본 것이지요. 그 만남으로 그리스도는 그의 삶에서 존재 이유가 되었고 그의 모든 사도직 수행의 근본적인 동기가 되었습니다.

바오로 사도의 서간에서 5백여 차례 거론되는 하느님 다음으로 가장 빈번하게 언급되는 이름이 그리스도(380번)입니다. 예수 그리스도가 한 사람의 인생에, 또한 우리들 삶에 얼마나 큰 영향을 끼치는지 깨닫는 것은 중요합니다. 실제로 구원 역사는 예수 그리스도 안에서 완성되었고, 따라서 타종교와의 관계에서 구별되는 요소가 바로 그분이십니다.

바오로 사도를 바라보면서 우리는 이러한 기초적인 질문들을 던지게 됩니다. 그리스도와의 인간적인 만남은 어떻게 일어나는가? 그 만남에서 비롯되는 관계는 무엇인가? 바오로 사도의 대답을 성경 구절 두 곳에서 찾아볼 수 있습니다.

첫 구절에서는 가장 기본적이고 바뀔 수 없는 신앙의 가치를 이해할 수 있도록 해 줍니다. 로마서에 이를 기록해 놓았습니다. "사람은 율법에 따른 행위와 상관없이 믿음으로 의롭게 된다고 우리는 확신합니다."(3,28)

또 다른 구절은 갈라티아서에 기록되어 있습니다. "사람은 율법에 따른 행위가 아니라 예수 그리스도에 대한 믿음으로 의롭게 된다는 사실을 우리는 알고 있습니다. 그래서 우리는 율법에 따른 행위가 아니라 그리스도에 대한 믿음으로 의롭게 되려고 그리스도 예수님을 믿게 되었습니다. 어떠한 인간도 율법에 따른 행위로 의롭게 되지 않기 때문입니다."(2,16)

'의롭게 된다'는 것은 올바르게 된다는 것을 의미합니다. 즉 자비로운 하느님의 정의로움으로 받아들여지게 되어 그분과의 친교에 참여하게 되고 결과적으로 모든 형제들과 참된 관계를 맺을 수 있게 된다는 것을 의미합니다. 이는 죄에 대한 완전한 용서라는 기반에서 일어납니다.

바오로 사도는 이러한 삶의 조건인 완전한 정화는 선행이 아니라 하느님의 은총에 달려 있다고 이야기합니다. "그리스도 예수님 안에서 이루어진 속량을 통하여 그분의 은총으로 거저 의롭게 됩니다."(로마 3,24) 이렇게 바오로 사도는 회심에 담긴 근본적인 내용을, 부활하신 그리스도와의 만남의 결과로 빚어진 자기 삶의 새로운 방향을 표현했습니다.

바오로 사도는 회심 이전에도 하느님과 율법에서 멀리

있던 사람이 아니었습니다. 오히려 열정적으로 열심히 따르던 사람이었습니다. 그러나 그리스도와의 만남으로 인해 자신이 자기 자신과 자기만의 정의를 추구해 왔고, 자신만의 정의로움 속에서 살아왔음을 깨닫게 되었습니다.

그는 자신의 삶에서 얻은 새로운 깨달음이 참으로 본질적인 것이었음을 알게 되었습니다. 다음의 구절에서 그의 새로운 깨달음을 엿볼 수 있습니다. "내가 지금 육신 안에서 사는 것은, 나를 사랑하시고 나를 위하여 당신 자신을 바치신 하느님의 아드님에 대한 믿음으로 사는 것입니다."
(갈라 2,20)

바오로 사도는 더 이상 스스로를 위해서, 자신만의 정의로움을 위해서 살지 않았습니다. 그리스도를 위하여, 그리고 그리스도와 함께 살았습니다. 자신을 내어놓음으로써 그는 더 이상 자신만을 추구하고 내세우려 하지 않았습니다. 이것이 바로 새로운 정의로움이고, 주님께서 알려 주시고 신앙이 전해 주는 새로운 태도입니다.

자기증여에 있어 최상의 표현인 그리스도의 십자가 앞

에서 스스로를 높이고, 자기만의 정의로움을 내세울 수 있는 사람은 아무도 없습니다. 예레미야 예언자의 외침(예레 9,23-24 참조) 속에서 바오로 사도는 이러한 생각과 기록을 설명합니다. "자랑하려는 자는 주님 안에서 자랑하라."(1코린 1,31) "나는 우리 주 예수 그리스도의 십자가 외에는 어떠한 것도 자랑하고 싶지 않습니다. 내 쪽에서 보면 세상이 십자가에 못 박혔고 세상 쪽에서 보면 내가 십자가에 못 박혔습니다."(갈라 6,14)

의로움은 행위가 아니라 신앙을 의미한다는 것을 이해했다면, 바오로 성인이 자신의 삶에서 묘사한 그리스도인의 정체성을 규정하는 두 번째 요소와 만나게 됩니다.

그리스도인의 정체성은 두 가지 요소로 구성됩니다. 이는 자신만을 추구하려는 마음을 절제하여 그리스도에게서 비롯되는 자신을 받아들이고, 그리스도와 더불어 자신을 내어 주는 것입니다. 그럼으로써 그분과 함께하는 자신의 정체성을 인식하고, 그분의 삶과 죽음에 함께하기까지 그리스도의 생명에 동참하는 것입니다. 바오로 사도가 이에 관하여 로마서에 기록하였습니다. "우리가 모두 그분의 죽음과 하나 되는 세례를 받았다는 사실을 …… 과연 우리는 그분의 죽음과 하나 되는 세례를 통하여 그분과 함께 묻혔습니다. …… 우리가 그분처럼 죽어 그분과 결합되었다면, …… 여러분 자신도 죄에서는 죽었지만 그리스도 예수님 안에서 하느님을 위하여 살고 있다고 생각하십시오."(로마 6,3.4.5.11)

마지막 구절이 의미 깊습니다. 사실 바오로 사도에게 그리스도인은 세례를 받은 이들 혹은 믿는 이들이다라고 말하는 것으로 충분하지 않았습니다. 그들이 '그리스도 안에' 있다는 것이 중요했습니다(로마 8,1.2.39; 12,5; 16,3.7.10; 1코린 1,2.4 등 참조).

바오로 사도는 이를 다르게 표현하기도 하였습니다. "그리스도께서 여러분 안에"(로마 8,10; 2코린 13,5), "내 안에"(갈라 2,20) 계십니다.

그리스도와 그리스도인 사이의 이러한 상호적 수용성이라는 바오로 사도의 가르침은 믿음에 관한 선포에서 완성됩니다.

　믿음은 우리와 그리스도가 하나 되게 해 주지만, 사실상 우리와 그분의 차이를 드러내 주고 있습니다. 하지만 바오로 사도에 의하면 그리스도인의 삶에는 '신비로운' 요소들이 있습니다. 그리스도와 함께하는 우리의 정체성 그리고 우리와 함께하시는 그리스도의 정체성이 동시에 일어나기 때문입니다. 이러한 뜻에서 바오로 사도는 "우리는 언제나 예수님의 죽음을 몸에 짊어지고 다닙니다. 우리 몸에서 예수님의 생명도 드러나게 하려는 것입니다."(2코린 4,10)라고 말하면서 우리의 고통을 우리 안에서의 "그리스도의 고난"(2코린 1,5)으로 묘사하기까지 합니다.

　우리는 일상에서 이렇게 깊은 영성을 살았던 바오로 사도의 모범을 따라야 합니다. 더 나아가 하느님 앞에서 겸손하게, 아니 끊임없는 흠숭과 찬양으로 자신의 신앙을 드러내야 합니다.

　사실 우리는 그리스도인으로서 그분과 그분의 은총을 입고 있습니다. 그 어떤 것도 그 누구도 대신할 수 없기에,

오로지 그분께만 찬양을 드려야 합니다. 우리의 삶을 우상으로 더럽혀서는 안 됩니다. 그렇게 되면 자유를 누리는 대신 치욕스러운 노예 상태로 빠져들게 될 것입니다.

더 나아가 우리는 그리스도의 것이라는 마음과 '우리가 그분 안에 있다'는 사실로 말미암아 완전한 신뢰와 기쁨의 태도가 우리 안에 스며들게 해야 합니다. 따라서 우리는 바오로 사도과 함께 선포해야 합니다. "하느님께서 우리 편이신데 누가 우리를 대적하겠습니까?"(로마 8,31) 그 어떤 것도 그 누구도 "우리 주 그리스도 예수님에게서 드러난 하느님의 사랑에서 우리를 떼어 놓을 수 없습니다."(로마 8,39)가 그 대답입니다. 그렇게 그리스도인의 삶은 단단하고 안전한 바위 위에 서 있습니다. 거기서부터 우리는 바오로 사도가 기록해 놓은 것처럼 우리의 모든 힘을 길어 올리게 됩니다. "나에게 힘을 주시는 분 안에서 나는 모든 것을 할 수 있습니다."(필리 4,13)

따라서 우리는 바오로 사도가 보여 준 이 위대한 마음가짐에서 비롯되는 기쁨과 슬픔 속에서 자신의 삶을 마주 대해야 하겠습니다. 이러한 체험을 통하여 우리는 바오로 사도가 기록한 말들이 얼마나 참된 것인지를 깨닫게 될 것입니다. "나는 내가 누구를 믿는지 잘 알고 있으며, 또 내가 맡은 것은 그분께서 그날까지 지켜 주실 수 있다고 확신합니다."(2티모 1,12) 세상의 구세주시며 심판자신 그리스도와의 결정적인 만남이 있을 그날까지 말입니다.

2006년 11월 8일

바오로 사도와 성령

형제자매 여러분,

지난 두 번의 교리 교육과 마찬가지로 오늘 역시 바오로 사도와 그의 생각을 살펴보겠습니다. 우리들 앞에 사도직의 실천뿐만이 아니라 아주 특별하면서도 근본적인 영감을 불러일으키는 신학적 가르침을 주었던 한 거인이 서 있습니다.

지난 시간에는 신앙생활에 있어 예수 그리스도의 중심적 역할에 대해 바오로 사도가 기록한 바를 숙고하였고, 오늘은 이어서 성령과 그 현존에 대한 이야기를 살펴보겠습니다. 이 점에 관해서도 바오로 사도는 우리에게 아주 중요한 가르침을 주기 때문입니다.

우리는 사도행전에서 오순절 성령 강림을 어떻게 이야기하는지 잘 압니다. 성령께서는 복음 선포를 위해 길을 나서는 선교에 대해 강한 열정을 불러일으키셨습니다.

사도행전은 사도들이 사마리아를 시작으로 팔레스타인 연안과 시리아에 이르는 선교 활동 전체를 담고 있습니다. 지난 수요일에 말씀드렸듯이, 무엇보다도 세 차례에 걸친 바오로 사도의 위대한 여정을 자세히 알려 줍니다.

그런데 바오로 사도는 성령을 다른 관점에서 이야기합니다. 그는 거룩하신 성삼위 가운데 세 번째 위격이 지니신 역동성만을 묘사하는 데 그치지 않고, 삶에서 그리스도인의 정체성을 형성해 주시는 그분 현존을 이야기합니다.

다시 말해 바오로 사도는 성령께서 그리스도인의 행위뿐만 아니라 그리스도인의 실존에도 미치는 영향력을 설명합니다. 성령께서 우리들 안에 생활하고 계시며(로마 8,9; 1코린 3,16 참조) "하느님께서 당신 아드님의 영을 우리 마음

안에 보내 주셨습니다."(갈라 4,6)라고 이야기한 사람이 바로 그였습니다.

바오로 사도의 견해에 따르면 성령은 존재의 그 깊은 심연에서부터 우리를 뒤흔들어 놓으십니다. 아주 중요한 의미를 지닌 이 주제에 대해 그는 이렇게 말합니다. "그리스도 예수님 안에서 생명을 주시는 성령의 법이 그대를 죄와 죽음의 법에서 해방시켜 주었기 때문입니다. …… 여러분은 사람을 다시 두려움에 빠뜨리는 종살이의 영을 받은 것이 아니라, 여러분을 자녀로 삼도록 해 주시는 영을 받았습니다. 이 성령의 힘으로 우리가 '아빠! 아버지!' 하고 외치는 것입니다."(로마 8,2.15) 우리가 하느님을 '아버지'라고 부를 수 있는 것은 성령께서 우리 안에서 말씀해 주시기 때문입니다.

그러므로 그리스도인은 자신의 행위에 앞서 세례성사와 견진성사 안에서 주어지는, 즉 하느님과의 실재적이고 참된 자녀 관계 안에서 이루어진 귀하고 풍성한 본성을 지니고 있습니다. 이는 우리의 가장 고귀한 존엄성이며 단순한 추상적 개념이 아니라 실제로 하느님의 자녀가 된다는 것을 의미합니다. 또한 자녀 됨을 살아가라는, 하느님의 자녀라는 사실을 인식하라는 초대입니다. 객관적인 실재를 개인적인 현실로 변화시키라는 초대이며, 생각과 행동 그리고 존재 방식을 결정짓는 초대입니다.

하느님께서는 우리를 당신의 자녀로 여기십니다. 비록 우리가 참된 외아들이신 예수님과 동일한 존엄성을 갖고 있지 못한다 하더라도, 그분은 우리가 그렇게 닮아 갈 수 있도록 이끌어 주십니다. 아버지와의 관계 안에서 자녀 됨과 자유가 우리에게 주어졌습니다. 그분 안에서 다시 회복되었습니다.

그러므로 그리스도인에게 성령은 더 이상 구약 성경에서 묘사되는 것처럼 그리고 교회적 언어로 사람들이 반복하고 있는 것(창세 41,38; 탈출 31,3; 1코린 2,11.12; 필리 3,3 참조)처럼 단순한 '하느님의 영'이 아님을 깨달아야 합니다. 또한 구약 성경(이사 63,10.11; 시편 51,13 참조)이나 문헌(쿰란, 랍비)에 나타난, 유다이즘에서 일반적으로 이해하는 단순한 '영'

도 아닙니다.

사실, 스스로 "생명을 주는 영"(1코린 15,45)이 되신 주님의 성령에 대한 이러한 근본적인 공통된 인식을 고백하는 것이 그리스도교 신앙의 특징 가운데 하나입니다.

이러한 이유로 바오로 성인은 "그리스도의 영"(로마 8,9), "당신 아드님의 영"(갈라 4,6), "예수 그리스도의 영"(필리 1,19)이라고 분명하게 이야기합니다. 그는 아들을 통하여 아버지 하느님을 볼 수 있을 뿐만 아니라(요한 14,9 참조), 성령 역시 십자가에 못 박히시고 부활하신 주님의 삶과 행위를 통하여 드러난다고 이야기하고 싶어 했습니다.

바오로 사도가 또 다른 중요한 것을 가르쳐 줍니다. 그는 우리 안에 성령이 현존하지 않으시면 참된 기도를 드릴 수 없다고 말합니다. 그는 이렇게 기록해 놓았습니다. "성령께서도 나약한 우리를 도와주십니다. 우리는 올바른 방식으로 기도할 줄 모르지만, 성령께서 몸소 말로 다할 수 없이 탄식하시며 우리를 대신하여 간구해 주십니다. 마음속까지 살펴보시는 분께서는 이러한 성령의 생각이 무엇인

지 아십니다. 성령께서 하느님의 뜻에 따라 성도들을 위하여 간구하시기 때문입니다."(로마 8,26-27)

이는 아버지의 영이시며 아들의 영이신 성령이 이제부터는 마치 우리 존재의 가장 내밀한 부분인 우리 영혼의 영혼이 되어 하느님께 올리는 끊임없는 기도를 불러일으켜 주시고, 말로 다할 수 없는 기도 그 자체가 되어 주신다고 말하는 듯합니다.

사실, 우리를 보살펴 주시는 성령은 우리의 부족한 부분을 완성해 주시고 우리의 기도뿐만이 아니라 깊은 갈망 역시 아버지께 전해 주십니다.

물론, 이는 성령과의 깊고 살아 있는 친교가 요구됩니다. 조금 더 마음을 살펴 우리 안에 계시는 성령의 현존에 주의를 기울이고 그렇게 그분의 현존을 깨닫게 되어 기도하는 법을 배워 성령 안에서 하느님의 자녀로서 아버지와 대화하라는 초대입니다.

바오로 사도가 우리에게 알려 주는 성령의 특별한 측면이 또 있습니다. 사랑과의 연관성입니다. 사도는 이렇게 기록하였습니다. "희망은 우리를 부끄럽게 하지 않습니다. 우리가 받은 성령을 통하여 하느님의 사랑이 우리 마음에 부어졌기 때문입니다."(로마 5,5)

회칙 〈하느님은 사랑이십니다Deus Caritas Est〉에서 저는 "사랑을 보면 삼위일체를 보는 것입니다."(19항)라는 아우구스티노 성인의 유명한 구절을 인용하였습니다. 그리고 "실제로, 성령께서는 신자들의 마음을 그리스도의 마음과 일치시키시며, …… 우리를 사랑하신 그리스도처럼 형제들을 사랑하도록 이끌어 주는 내적인 힘이십니다."(같은 항)라고 계속해서 설명하였습니다. 성령은 우리를 사랑의 삶인 하느님 생명의 흐름 속에 젖어들게 하십니다. 또한 우리를 아버지와 아들의 관계에 참여하게 하십니다. 바오로 사도가 성령의 열매에 속하는 특징들을 여러 가지 나열할 때, 아무런 의미 없이 사랑을 첫자리에 놓은 것이 아닙니다. "성령의 열매는 사랑, 기쁨, 평화 …… 입니다."(갈라 5,22)

사랑으로 하나 된다는 것은 무엇보다도 그리스도교 공동체의 친교가 성령에 의하여 이루어진다는 사실을 의미합니다. 따라서 우리는 바오로 사도의 인사말로 미사를 시작합니다. "······ 성령의 친교가 여러분 모두와 함께"(2코린 13,13)

더 나아가 성령은 우리가 모든 사람들과 사랑의 관계를 형성하도록 이끌어 주십니다. 따라서 사랑하는 순간은 우리가 성령께 자리를 마련해 드리는 순간이 됩니다. 우리들 안에서 온전히 당신을 드러내실 수 있도록 그분께 자리를 내 드리는 순간입니다.

그러므로 우리는 바오로 사도가 왜 로마서에서 "성령으로 타오르게 하며"와 "아무에게도 악을 악으로 갚지 말고"(로마 12,11.17)라는 두 가지 권고를 같은 문단에 넣었는지 이해할 수 있습니다.

마지막으로, 바오로 사도에 따르면 성령은 담보물처럼 하느님께서 우리를 위해 내어 주신 소중한 계약금과 같고, 동시에 앞으로 주어질 상속에 대한 보증입니다(2코린 1,22; 5,5; 에페 1,13-14 참조).

그렇게 우리는 성령의 이끄심 안에서 우리의 삶이 사랑,

기쁨, 친교, 희망이라는 소중한 가치들을 향해 나아갈 수 있음을 바오로 사도에게서 배우게 됩니다. 마음에 살아 계신 성령께 순종하고, 사도의 지혜로운 분별력에서 도움을 얻으며 일상의 삶을 살아가십시오. 그것이 바로 우리가 받은 소명입니다.

2006년 11월 15일

바오로 사도와 교회

형제자매 여러분,

오늘로 바오로 사도와의 만남을 마무리 짓겠습니다. 그의 사목 활동에서 결정적인 요소이며 그의 사상 가운데 가장 중요한 주제에 관해서 다루지 않고 그와 작별을 고할 수 없습니다. 그것은 교회의 현실에 관한 것입니다.

우선 바오로 사도가 예루살렘 그리스도교 공동체 앞에서 증언한 예수님과의 첫 만남부터 이야기해야 하겠습니다. 그에게는 온 존재가 흔들린 만남이었습니다. 그는 새로운 신앙 공동체에 관해 듣고는 당장 그들을 위협하는 박해자가 되었습니다. 이에 관해서 그는 자신의 서간문에 세 차례나 언급하였습니다. '나는 하느님의 교회를 박해하였습니다.'(1코린 15,9; 갈라 1,13; 필리 3,6 참조)라고 말하며 마치 자신의 행동을 아주 심각한 잘못처럼 묘사합니다.

역사는 우리가 교회를 통해 예수님께 다가간다는 사실을 증명합니다. 예수님을 만나기 전에 교회를 먼저 접하게 되었던 바오로 사도의 경우가 그것을 증명한다고 말할 수 있습니다. 하지만 그에게 이 만남은 반대의 결과를 초래했습니다. 그 만남은 이끌림이 아니라 폭력적인 저항이라는 결과를 낳았던 것입니다.

바오로 사도의 경우 그리스도께서 직접적으로 개입하시면서 교회에 충실한 마음이 일어났습니다. 예수님께서는 다마스쿠스로 가는 길에서 스스로를 드러내시어 당신을 교회와 동일시하셨습니다. 교회를 박해하는 것은 곧 주님이신 당신을 박해하는 것이라는 사실을 바오로 사도가 깨닫게 하신 것입니다.

부활하신 주님이 교회의 박해자였던 바오로 사도에게

말씀하셨습니다. "사울아, 사울아, 왜 나를 박해하느냐?"(사도 9,4) 교회를 박해하였던 바오로 사도는 실은 그리스도를 박해하고 있었던 것입니다.

따라서 바오로 사도는 그리스도와 교회 모두에게 회심한 것입니다. 이는 바오로 사도의 생각과 마음 그리고 행위 속에 왜 그렇게 교회가 자리하게 되었는지를 이해하게 해 줍니다.

바오로 사도는 복음 선포자로서 여러 도시를 방문하면서 수많은 교회 공동체를 만났습니다. "모든 교회에 대한 염려"(2코린 11,28)라는 그의 말 속에는 언제나 갈라티아, 이오니아, 마케도니아 그리고 아카이아에 세워진 다양한 그리스도교 공동체가 있었습니다.

그가 단호한 어조로 반대한 "다른 복음으로 돌아서"(갈라 1,6)는 일을 갈라티아 교회에서 목격한 것처럼, 이들 교회 가운데 몇몇은 그에게 걱정과 분노를 불러일으켰습니다.

하지만 바오로 사도는 냉철하고 관료적으로 대하지 않았습니다. 오히려 강렬하고 열정적인 태도로 자신이 기초를 닮은 그 공동체들에 대한 마음을 드러냈습니다. 예를 들어, 필리피 신자들에게 "내가 사랑하고 그리워하는 형제 여러분, 나의 기쁨이며 화관인 여러분"(필리 4,1)이라고 말을 건넵니다.

간혹 그 다양한 공동체들을 아주 독특하게도 추천서에 비유하기도 했습니다. "우리의 추천서는 여러분 자신입니다. 우리 마음에 새겨진 이 추천서는, 모든 사람이 알고 있으며 또 읽을 수 있습니다."(2코린 3,2)

바오로 사도는 또한 그들에게 단순히 부성적인 감정만이 아니라 모성적인 마음도 드러냅니다. 안부를 건넬 때, 그들을 이렇게 부릅니다. "나의 자녀 여러분, 그리스도께서 여러분 안에 모습을 갖추실 때까지 나는 다시 산고를 겪고 있습니다."(갈라 4,19; 1코린 4,14-15; 1테살 2,7-8 참조)

서간을 통해 바오로 사도는 교회에 대한 자신의 생각을 그와 같이 묘사합니다. 따라서 초세기 그리스도교의 다른 저자들 가운데서는 찾아볼 수 없는 '그리스도의 몸'(1코린 12,27; 에페 4,12; 5,30; 콜로 1,24 참조)이라는 교회에 관한 그의 근본적인 정의가 널리 알려진 것입니다.

교회에 대한 이 놀라운 묘사의 깊은 뿌리를 그리스도의 몸이 지닌 성사성에서 찾을 수 있습니다. 바오로 사도는 말합니다. "빵이 하나이므로 우리는 여럿일지라도 한 몸입니다."(1코린 10,17) 성찬례를 통해 그리스도께서는 당신의 몸을 우리에게 내어 주시고, 우리를 당신의 몸으로 변화시켜 주십니다. 이러한 측면에서 바오로 사도가 갈라티아 사람들에게 이야기합니다. "여러분은 모두 그리스도 예수님 안에서 하나입니다."(갈라 3,28) 바오로 사도는 이 모든 이야기들을 통하여 교회는 그리스도께 속함으로써 존재한다는 사실뿐만 아니라 그리스도와 교회의 동질성 그리고 본모습을 우리가 이해할 수 있도록 도와줍니다.

이러한 이해에서 우리 모두가 지체를 이루는 교회의 위대함과 고결함이 비롯됩니다. 그리스도의 지체가 확장되면, 그것이 바로 그분의 현존인 것입니다. 이러한 사실에서 그리스도와의 참된 일치를 살아야 하는 우리의 책임 또한 비롯됩니다.

그리스도인들의 공동체에 생명을 불어넣고 골격을 형성하는 다양한 은사에 대한 바오로 사도의 권고 역시 이러한 이해로부터 비롯됩니다. 그 다양한 은사들은 모두 단 하나의 근원으로 거슬러 올라갈 수밖에 없습니다. 그 근원은 아버지의 영이시며 아들의 영이십니다. "하느님께서 각 사람에게 공동선을 위하여 성령을 드러내 보여"(1코린 12,7) 주신다고 바오로 사도가 기록한 것처럼, 은사를 받지 않은 이는 교회 공동체에 없다는 것을 우리는 잘 알고 있습니다.

모든 은사들이 공동체의 분열이 아니라 성장을 위하여 서로 협력한다는 사실이 중요합니다.

바오로 사도가 설득력 있게 묻습니다. "그리스도께서 갈라지셨다는 말입니까?"(1코린 1,13) "성령께서 평화의 끈으로 이루어 주신 일치를 보존하도록 애쓰십시오. 하느님께서 여러분을 부르실 때에 하나의 희망을 주신 것처럼, 그리스도의 몸도 하나이고 성령도 한 분이십니다."(에페 4,3-4)라는 사실을 그는 잘 알고 있었으며 우리에게도 그 사실을 가르쳐 주고 있습니다.

일치의 필요성을 강조하는 것은 교회적 삶이 규격화되거나 일방적인 방식에 따라 평준화를 이룬다는 뜻이 아닙니다. 바오로 사도는 "성령의 불을 끄지 마십시오."(1테살 5,19)라고 가르칩니다. 이는 영원한 생명의 원천이신 성령께서 선사하시는 은사의 실재적 역동성에 내맡기라는 것입니다.

바오로 사도가 굳게 간직한 원칙이 하나 있다면 그것은 바로 상호적인 성장이었습니다. "이 모든 것이 교회의 성장에 도움이 되어야 합니다."(1코린 14,26) 모두 함께 기우고 구멍 나거나 보풀이 일어나지 않도록 교회라는 천을 짓는 데 공헌해야 합니다.

바오로 사도는 교회를 그리스도의 신부로 묘사하기도 합니다(에페 5,21-33 참조). 이는 바오로 사도가 이스라엘 백성이 하느님과 계약을 맺은 신부(호세 2,4.21; 이사 54,5-8 참조)라는 조상들의 예언자적 은유를 사용한 것입니다. 그는 그리스도와 교회의 밀접한 관련성을 그렇게 표현하였습니다. 교회는 주님의 사랑을 받는 상대입니다. 사랑은 상호적이기에 교회 구성원인 우리 역시 그분께 믿음을 두어야 합니다.

결과적으로 친교의 관계가 요점입니다. 흔히 수직적 친교라고 하는 예수 그리스도와 우리의 관계, 그리고 "우리 주 예수 그리스도의 이름을 받들어 부르는"(1코린 1,2) 세상의 모든 이들 안에서 이루어지는 수평적 친교가 중요합니다.

우리는 주님이신 예수 그리스도의 이름으로 부르심을 받은 사람들입니다. 이것이 우리에 관한 정의입니다. 따라서 우리는 바오로 사도가 코린토인들이 겪어 내야 했던 일들에 관해 기록하면서 그가 간절히 바랐던 바를 분명히 이해할 수 있습니다. "모두 예언하는데 믿지 않는 이나 초심자가 들어온다면, 그는 모든 이에게 질책을 받고 그 모든 이에게 심판을 받게 됩니다. 또 그 마음속에 숨겨진 것들이 드러납니다. 그러면 그는 얼굴을 바닥에 대고 엎드려 하느님께 절하면서, '참으로 하느님께서 여러분 가운데에 계십니다.' 하고 선언할 것입니다."(1코린 14,24-25)

우리는 전례 안에서 이와 같이 만나야 합니다. 우리들 공동체에 다가온 비그리스도인이 마침내 이렇게 "하느님께서는 참으로 당신들과 함께 계십니다."라고 이야기할 수 있어야 합니다. 그리스도와의 친교 안에서, 그리고 우리의 친교 안에서 이와 같은 만남이 이루어질 수 있도록 주님께 기도드립시다.

2006년 11월 22일

티모테오와 티토

형제자매 여러분,

지난 시간까지 위대한 사도 바오로에 관해 말씀드렸고, 오늘은 그의 가까운 협력자였던 티모테오와 티토를 살펴보겠습니다. 바오로 서간 중에서 세 편지가 그들에게, 즉 두 편은 티모테오에게 한 편은 티토에게 보내졌습니다.

티모테오라는 그리스 이름은 '하느님을 공경하는 사람'이라는 의미입니다. 루카 복음사가가 사도행전에서 그를 여섯 번 언급하는 반면, 바오로 사도는 그의 서간에서 적어도 열일곱 번을 이야기하고 있습니다(히브리서에서도 한 차례 언급됩니다).

때문에 어떤 이들은 정작 그에 관해서 많은 것을 알려 주고 있는 루카 복음사가는 중요하게 여기지 않았지만, 바오로 사도는 그를 높이 평가했다고 추론할지도 모릅니다.

필리피 신자들에게 보낸 서간에서 티모테오를 칭찬하였듯이 바오로 사도는 그에게 중요한 선교 사명을 위임하였고, 자신의 분신처럼 여겼습니다. "나와 같은 마음으로 여러분의 일을 성심껏 돌보아 줄 사람이 나에게는 티모테오밖에 없습니다."(필리 2,20)

티모테오는 리스트라(타르수스에서 북서쪽으로 200킬로미터 정도 떨어진 고장)에서 유다인 어머니와 그리스인 아버지 사이에서 태어났습니다(사도 16,1 참조).

티모테오의 어머니는 이방인과 혼인하였고 그의 아들에게 할례를 받지 않게 했습니다. 이러한 사실은 티모테오가 율법을 엄격하게 준수하는 집안에서 자라지 않았다는 사실을 알려 줍니다. 그럼에도 불구하고 그는 어린 시절부터 성경을 습득해 왔다고 전해집니다(2티모 3,15 참조). 그의 어머니 에우니케와 함께 로이스라는 그의 할머니 이름이 우리에게 전해져 오고 있습니다(2티모 1,5 참조).

바오로 사도는 두 번째 전도 여행을 시작한 리스트라에서 티모테오를 자신의 협력자로 삼았습니다. '그가 리스트라와 이코니온에 있는 형제들에게 좋은 평판을 받고 있었기'(사도 16,2 참조) 때문이었습니다. 그리고 바오로 사도는 "그 고장에 사는 유다인들을 생각하여"(사도 16,3) 티모테오에게 할례를 베풀었습니다.

티모테오는 바오로 사도 그리고 실라스와 함께 마케도니아를 시작으로 트로이에 이르기까지 소아시아를 두루 다녔습니다. 필리피에서 세 사도는 점 귀신 들린 하녀의 착취를 폭로하였다가 그녀의 주인에게 소동을 일으킨다는 거짓 고발을 당했습니다. 당시 바오로 사도와 실라스는 감옥에 갇혔지만 티모테오는 무사했었다는 사실이 전해집니다(사도 16,16-40 참조).

티모테오는 아테네에서 바오로 사도와 다시 만나 테살로니카 교회의 소식을 듣고 믿음을 북돋우기 위해 그곳으로 건너갔습니다(1테살 3,1-2 참조). 그리고 나서 코린토에서 테살로니카 교회의 소식을 바오로 사도에게 전해 주었으며, 그곳에서 함께 복음을 선포하였습니다(2코린 1,19 참조).

바오로 사도의 세 번째 전도 여행 중 에페소에서도 바오로 사도와 함께 있었던 티모테오를 보게 됩니다. 그곳에서 바오로 사도는 필레몬과 필리피 사람들에게 편지를 작성하여 티모테오와 함께 두 공동체로 편지를 보냈을 것입니다(필레 1; 필리 1,1 참조).

에페소에서 바오로 사도는 티모테오를 에라스토스와 함께 마케도니아로 파견하였습니다(사도 19,22 참조). 또한 코린토에도 편지를 써서 그들 편에 보내며 따뜻하게 그를 맞이해 달라고 부탁하였습니다(1코린 4,17; 16,10-11 참조).

우리는 티모테오를 코린토 신자들에게 보낸 둘째 서간의 공동 발신인으로 이해하고 있습니다. 바오로 사도는 코린토에서 로마 신자들에게 편지를 쓰면서 다른 이들의 인사와 함께 티모테오의 안부도 덧붙였습니다(로마 16,21 참조).

티모테오는 코린토에서 에게 해의 아시아 쪽 해안에 있

는 트로아스로 떠났다가, 그곳에서 세 번째 선교 여정의 목적지인 예루살렘으로 길을 나선 바오로 사도를 기다렸습니다(사도 20,4 참조).

초대 교회 전승은 히브리인들에게 보낸 서간에 나타난 구절을 제외하고는 이후 티모테오의 인생에 관해서 더 이상 언급하지 않습니다. "우리의 형제 티모테오가 풀려났음을 알려 드립니다. 그가 빨리 오면 내가 그와 함께 여러분을 만나 보게 될 것입니다."(13,23) 이렇게 티모테오는 아주 중요한 사목자의 모습으로 그려집니다.

에우세비오의 〈교회사〉에 따르면, 티모테오는 에페소의 첫 주교였습니다(III,4 참조). 콘스탄티노플에서 옮겨진 그의 유해 일부는 1239년 이탈리아 몰리세 지방 테르몰리 성당에서 발견되었습니다.

이어서 티토를 살펴보겠습니다. 티토의 라틴계 이름을 보면, 그가 그리스 출신의 이방인이었다는 사실을 알게 됩니다. 바오로 사도는 율법의 속박에서 벗어나 이방인들을 위한 복음 선포가 최종적으로 결정된 일명 예루살렘 공의회에 티토를 데려갔습니다.

티토에게 보낸 서간에서 바오로 사도는 그를 "같은 믿음에 따라 나의 착실한 아들"(티토 1,4)이라고 부릅니다. 티모테오가 코린토에서 떠난 후, 바오로 사도는 혼란을 겪는 공동체에 순명을 불러일으키라는 소임을 주어 티토를 그곳으로 보냈습니다.

티토 덕분에 코린토 교회와 바오로 사도 사이에 평화가 회복되었으며, 이에 바오로 사도는 이 교회에 다음과 같은 글을 보냈습니다. "그러나 비천한 이들을 위로하시는 하느님께서 티토를 도착하게 하시어 우리를 위로해 주셨습니다. 티토의 도착만이 아니라 그가 여러분에게서 받은 위로로도 그렇게 해 주셨습니다. 그가 여러분의 그리움과 여러분의 한탄, 그리고 나에 대한 여러분의 열정을 우리에게 알려 주었습니다. …… 우리가 받은 이 위로 말고도, 우리는 티토의 기쁨으로 말미암아 더욱더 기뻐하게 되었습니다. 그의 영이 여러분 모두 덕분에 안도할 수 있었기 때문입니다."(2코린 7,6-7.13)

티토는 코린토에서 또다시 그를 "내 동지이며 여러분을 위한 나의 협력자"(2코린 8,23)라고 부르는 바오로 사도에 의해 예루살렘의 그리스도인들을 위한 마지막 모금활동을 위해 파견되었습니다(2코린 8,6 참조).

사목 서간에서는 티토를 크레타의 주교로 묘사하였습니다(티토 1,5 참조). 바오로 사도의 초대로 티토는 에피루스에 있는 니코폴리스에서 바오로 사도를 다시 만난 후(티토 3,12 참조) 달마티아로 떠났습니다(2티모 4,10 참조). 그 이후 티토의 행적이나 죽음에 대해서는 더는 알려진 것이 없습니다.

결과적으로 티모테오와 티토의 모습을 통해 아주 중요한 사실들을 깨닫게 됩니다. 바오로 사도가 자신의 소임을 해 나가는 가운데 협력자들의 도움을 받았다는 사실입니다. 모두의 기억 속에서 바오로 사도는 분명 탁월한 사도이며 많은 교회의 설립자이고 사목자입니다.

하지만 바오로 사도는 모든 것을 자신만의 힘으로 하지 않고 자신의 노력과 책임을 공유했던 믿을 만한 사람들과 함께 했습니다.

또 다른 사실은 이러한 협력자들의 의지입니다. 티모테오와 티토에 관련된 구절들에서는 어려운 상황 속에서도 바오로 사도를 대신하여 여러 가지 일들을 처리한 그들의 자발적인 모습을 강조합니다. 그들의 모습은 기꺼이 복음을 위해 헌신하도록, 그리고 그것이 또한 교회를 위한 헌신이라는 사실을 깨닫게 합니다.

마지막으로, 우리 모두는 바오로 사도가 티토에게 보낸 서간에서 이야기하는 권고에 귀 기울여야 합니다. "나는 그대가 이러한 점들을 역설해서, 하느님을 믿게 된 이들이 선행을 하는 데에 전념하게 되기를 바랍니다. 선행은 사람들에게 좋고 유익한 것입니다."(티토 3,8)

실천을 통해 우리는 이 말씀에 담긴 진리를 발견할 수 있고 또 발견해야 합니다. 대림 시기에 걸맞게 우리 역시 선의를 통해 풍성해지고, 그럼으로써 구세주이신 그리스도께 세상의 문을 열어 드릴 수 있어야 하겠습니다.

2006년 12월 13일

첫 순교자, 스테파노

형제자매 여러분,

성탄 팔일 축제의 시간을 보내고 우리는 다시 교리 교육으로 돌아왔습니다. 그동안 여러분과 함께 저는 열두 사도와 바오로 사도의 모습을 살펴보았습니다. 이제는 초대 교회의 다른 이들에 대한 고찰을 시작하겠습니다. 오늘은 교회가 예수 성탄 대축일 다음 날 축일을 기념하는 스테파노 성인에 관해 살펴보겠습니다.

스테파노 성인은 일곱 명의 협조자 가운데 가장 대표적인 인물입니다. 비록 사도행전에서는 표면화되지 않은 분류라는 것을 분명히 지적해야 하겠지만, 전승은 이들을 통해 '부제'라는 소임의 씨앗을 이해하고 있었습니다. 스테파노의 중요성은 루카 복음사가가 자신의 책에서 두 장에 걸쳐 그에 관해서 이야기한다는 사실에서 알 수 있습니다.

루카 복음사가는 예루살렘 초대 교회에 나타난 광범위한 분열에 대해 묘사하고 있습니다. 예루살렘 공동체는 전반적으로 유다계 그리스도인으로 구성되어 있었습니다. 하지만 그 가운데 이스라엘 전역에서 온 '히브리계'라고 불리던 이들과 구약 성경의 유다 신앙을 간직한 디아스포라에서 온 '그리스계' 사람들도 있었습니다. 이것이 새로운 문제가 되었습니다. 그리스계 가운데 가장 가난한 이들, 특히 어떠한 사회적 보장도 제공받지 못한 과부들이 매일 받는 배급에서 홀대를 받는 처지에 놓였었습니다. 기도와 말씀 봉사에 전념하려 한 사도들은 이러한 문제를 해결하기 위해 "평판이 좋고 성령과 지혜가 충만한 사람 일곱"을 선발하여 자신들을 도와 공동체의 선의를 위한 봉사가 지속될 수 있도록 결정하였습니다(사도 6,2-4 참조).

루카 복음사가가 기록한 것처럼, 사도들의 제안에 공동체는 일곱 사람을 선발하였습니다. 우리는 그들의 이름을 알고 있습니다. "믿음과 성령이 충만한 사람인 스테파노, 그리고 필리포스, 프로코로스, 니카노르, 티몬, 파르메나스, 또 유다교로 개종한 안티아키아 출신 니콜라오스를 뽑아 사도들 앞에 세웠다. 사도들은 기도하고 그들에게 안수하였다."(사도 6,5-6)

안수에는 여러 가지 의미가 있습니다. 구약 성경에서 이러한 동작은 무엇보다도 모세가 자신의 손을 여호수아에게 얹어 자신의 후계자로 삼은 것처럼(민수 27,18-23 참조) 중요한 책임을 전달한다는 것을 의미합니다. 시간이 흘러, 안티오키아 교회 역시 세상 민족들을 위한 선교에 나서는 바오로 사도와 바르나바에게 안수하였습니다(사도 13,3 참조).

바오로 사도가 티모테오에게 보낸 두 서간(1티모 4,14; 2티모 1,6 참조)에서도 티모테오에게 중요한 책임을 부여하기 위해 행한 비슷한 동작을 언급하고 있습니다. 티모테오에게 보낸 서간을 통해 이 동작은 판단이 따르는 중요한 행동이었다는 사실을 추론할 수 있습니다. "아무에게나 선뜻 안수하지 말고, 남의 죄에 연루되지 마십시오."(1티모 5,22)

따라서 우리는 손을 뻗는 행동이 성사적 표징의 연장선에서 전개되었다는 사실을 알 수 있습니다. 스테파노와 그의 동료들의 경우, 안수는 공식적인 권한 위임이었으며, 또한 동시에 그 일을 해 나갈 수 있는 은총에 대한 청원이기도 했습니다.

잊지 말아야 할 것은, 스테파노 역시 자선 활동과 더불어 '그리스계'인 자신의 동포들에게 계속해서 복음을 선포했다는 사실입니다. "은총과 능력이 충만한"(사도 6,8) 스테파노가 예수님의 이름으로 모세와 하느님 율법을 새롭게 해석하였다고 루카 복음사가는 전해 줍니다. 스테파노는 그리스도의 죽음과 부활에 관한 선포 안에서 구약 성경을 재해석하였습니다. 그는 구약 성경을 그리스도론적으로 재해석하였고, 그의 말을 불경스럽게 여긴 유다인들의 반발을 불러일으켰습니다(사도 6,11-14 참조).

따라서 그는 돌에 맞는 형벌을 받게 되었습니다. 스테파노의 선포를 종합하는 그의 마지막 설교를 루카 복음사가가 전해 주고 있습니다. 예수님은 엠마오로 향하던 제자들에게 성경 전체가 당신에 관해서 그리고 십자가와 부활에 관해 이야기한다고 가르쳐 주셨습니다. 이러한 가르침에 따라 스테파노는 그리스도론적인 이해 속에서 구약 성경 전체를 해석하였습니다. 그는 십자가의 신비가 구약 성경에서 이야기하는 구원 역사의 중심에 있다는 사실을 보여 주었습니다. 십자가에 못 박히셨고 부활하신 예수님이 전체 구원 역사의 목적임을 이야기하였습니다.

스테파노 성인은 또한 성전의 시대가 저물고 부활하신 예수님이 새롭고 참된 '성전'이심을 밝혔습니다. 이는 스테파노를 고발하게 만들었던 성전과 그 시대에 대한 '부정'이었습니다. 루카 복음사가가 알려 주는 것처럼, 그는 하늘을 응시했고 하느님의 영광과 그 오른편에 서 계신 예수님을 보았습니다. 하늘을, 하느님과 예수님을 바라보면서 스테파노 성인이 이야기했습니다. "보십시오, 하늘이 열려 있고 사람의 아들이 하느님 오른쪽에 서 계신 것이 보입니

다."(사도 7,56)

예수님 수난과 같은 그의 순교가 뒤따랐습니다. 그는 자신의 영혼을 '주 예수님'께 맡기고 자신을 죽이는 이들에게 죄를 돌리지 마시도록 기도하였습니다(사도 7,59-60 참조).

예루살렘에 있는 스테파노 성인의 순교지는 다마스쿠스 문 외곽에서 북쪽으로 도미니코 수도회의 유명한 예루살렘 성서대학École Biblique 옆 성 스테파노 성당이 있는 자리라고 알려져 있습니다. 그리스도를 위한 첫 순교였던 스테파노의 죽음은 그리스도의 제자들에 대한 박해(사도 8,1 참조)를, 교회 역사의 첫 박해를 야기했습니다. 이러한 상황은 유다-그리스계 그리스도인들로 하여금 예루살렘을 떠나 각지로 흩어지게 만들었습니다. 예루살렘에서 쫓겨난 그들은 각지를 돌아다니는 선교사들이 되었습니다. "흩어진 사람들은 이곳저곳 돌아다니며 말씀을 전하였다."(사도 8,4)

박해와 해산은 곧 선교가 되었습니다. 사마리아, 페니키아, 시리아 그리고 대도시인 안티오키아에 이르기까지 복음이 전해졌습니다. 루카 복음사가에 따르면 안티오키아는 처음으로 이방인들에게 복음이 선포되고(사도 11,19-20 참조) "그리스도인"(사도 11,26)이라는 이름이 붙여진 곳이었습니다.

특히 루카 복음사가는 스테파노에게 돌을 던진 이들이 "겉옷을 벗어 사울이라는 젊은이의 발 앞에 두었다."(사도 7,58)라고 기록하였습니다. 박해자였던 바오로가 복음을 위한 탁월한 사도가 되었던 것입니다.

이는 젊은 사울이 스테파노의 설교를 들었고 결과적으로 그 안에 담긴 핵심 내용을 알게 되었다는 것을 의미합니다. 바오로 사도는 이 설교를 듣고 "마음에 화가 치밀어 이를 갈았던"(사도 7,58) 이들 가운데 한 사람이었습니다.

여기에서 우리는 하느님의 놀라운 섭리를 볼 수 있습니다. 다마스쿠스로 가는 길에서 일어난 부활하신 그리스도와의 만남 이후, 스테파노의 적대자였던 사울은 첫 순교자가 알려 준 구약 성경의 그리스도론적인 해석을 받아들여 그것을 더 깊이 있게 만들고 완성시킴으로써 '이방인들의 사도'가 되었습니다.

바오로 사도는 그리스도의 십자가 안에서 율법이 완성되었다고 가르칩니다. 그리스도에 대한 믿음, 그리스도와의 사랑의 친교는 율법의 참된 완성입니다. 이것이 바오로 사도가 가르치는 내용입니다. 그는 이렇게 아브라함의 하느님께서 모든 이의 하느님이 되신 사실을 알려 주었습니다. 아브라함의 자녀로서 예수 그리스도를 믿는 모든 이는 그 약속을 함께 간직하고 있습니다. 스테파노 성인의 가르침이 바오로 성인의 선교를 가져왔습니다.

스테파노는 우리에게 많은 것을 이야기해 줍니다. 사회적 자선 사업은 복음 선포와 결코 분리되어서는 안 됩니다. 그는 우선적으로 자선 사업을 책임지는 일곱 가운데 한 사람이었습니다. 하지만 자선과 믿음을 분리하는 것은 불가능하였습니다. 그래서 그는 자선 사업과 더불어 순교에 이르기까지 십자가에 못 박히신 그리스도를 선포하였습니다. 이것이 우리가 스테파노 성인의 모습에서 배울 수 있는 첫 번째 가르침입니다. 자선과 복음 선포는 언제나 함께 나갑니다.

　스테파노 성인은 우리에게 그리스도에 관해서, 역사와 우리들 삶의 중심으로서 십자가에 못 박히시고 부활하신 그리스도에 관해서 이야기해 줍니다. 우리는 언제나 십자가가 교회적 삶과 일상의 삶에서 중심이 되어야 함을 이해하고 있습니다. 교회의 역사에는 언제나 고난과 박해가 있습니다. 테르툴리아누스의 유명한 말처럼 박해는 '그리스도인들의 씨앗'이, 미래의 그리스도인들을 위한 선교의 근원이 됩니다.

　테르툴리아누스는 말합니다. "우리가 당신에게 죽임을 당하는 그 모든 곳에서 우리는 더 늘어납니다. 그리스도인들의 피는 씨앗입니다Plures efficimur quoties metimur a vobis: semen est sanguis christianorum."(〈호교론〉, 50,13) 우리 삶에서도 역시 결코 사라질 수 없는 십자가는 축복입니다.

　자신의 십자가를 받아들이고 그 십자가가 은총임을 깨닫게 되면, 우리는 고난의 순간에서조차 그리스도인다운 기쁨을 배웁니다. 증언의 가치, 그것은 무엇으로도 대신할 수 없습니다. 복음이 증언할 수 있도록 이끌어 주고, 교회는 그러한 증언으로 성장하기 때문입니다. 스테파노 성인은 우리에게 이러한 가르침을 따르라고 권고합니다. 그는 십자가를 사랑하라고 가르칩니다. 왜냐하면 십자가라는 길을 통해 그리스도께서 우리들 가운데 언제나 새롭게 오시기 때문입니다.

2007년 1월 10일

바르나바, 실라스(실바누스) 그리고 아폴로

형제자매 여러분,

그리스도교의 초기 복음 선포자들에 대한 여정을 이어 가는 가운데 오늘은 바오로 사도의 또 다른 협력자들에게 주의를 기울여 봅니다. 바오로 사도는 협력에 대한 개방성을 보여 준 가장 모범적인 인물이었다는 사실을 깨달아야 합니다. 그는 교회 공동체의 모든 것을 자신만의 힘이 아니라 다양한 협력자들의 도움을 구하였습니다.

협조자들이 무척 많기에 모두를 살펴볼 수 없습니다. 그들 가운데 몇몇을 떠올려 봅니다. 에파프라스(콜로 1,7; 4,12;

필레 23 참조), 에파프로디토스(필리 2,25; 4,18 참조), 티키코스(사도 20,4; 에페 6,21; 콜로 4,7; 2티모 4,12; 티토 3,12 참조), 우르바노(로마 16,9 참조), 가이오스와 아리스타르코스(사도 19,29; 20,4; 27,2; 콜로 4,10 참조), 포이베(로마 16,1 참조), 트리패나와 트리포사(로마 16,12 참조), 바오로 사도가 "나에게도 어머니와 같은"이라고 말한, 루포스의 어머니인 페르시스(로마 16,12-13 참조)와 같은 여인들, 그리고 프리스카와 아퀼라 부부도 언급하지 않을 수 없습니다(로마 16,3; 1코린 16,19; 2티모 4,19 참조).

바오로 사도의 이러한 협력자 무리 가운데, 오늘은 복음 선포 전반기에 특별히 중요한 역할을 한 세 인물에 주의를 기울여 봅니다. 바르나바, 실라스 그리고 아폴로입니다.

바르나바라는 이름은 "위로의 아들"(사도 4,36) 혹은 '격려의 아들'이라는 뜻입니다. 그는 키프로스 태생의 레위인으로, 바르나바는 별명이었습니다. 예루살렘에 살던 그는 주님의 부활 이후 그리스도교를 받아들인 초기 구성원 가운데 한 사람이었습니다. 자비로운 마음으로 그는 자기가 소유한 땅을 팔아 그 돈을 교회의 필요에 따라 사도들에게 내주었습니다(사도 4,37 참조).

박해자였던 사울을 여전히 두려워하는 예루살렘 공동체에 그의 진심 어린 회심을 보증한 사람이 바로 바르나바였습니다(사도 9,27 참조).

시리아에 있는 안티오키아로 파견되면서 그는 타르수스에 있던 바오로 사도를 만나러 갔으며, 그곳에서 그와 함께 복음을 선포하는 데 헌신하며 한 해를 보냈습니다. 그 공동체에서 바르나바는 예언자와 교사로 알려져 있었습니다(사도 13,1 참조).

이방인들의 회심이 일어난 초창기에 바르나바는 사울의 시대가 다가왔음을 깨달았습니다. 바오로 사도가 고향인 타르수스에 있을 때, 바르나바는 그를 만나러 그곳을 방문하였습니다. 그 중요한 순간에 바르나바는 교회를 위하여 바오로 사도를 다시 일으켜 세웠습니다. 이는 바르나바가 이방인들을 위한 사도를 교회에 되돌려 주었다고 볼 수 있습니다.

안티오키아 교회 공동체는 바오로 사도의 첫 번째 전도 여행으로 알려진 그 여정에 바르나바를 동행토록 했습니다. 그 여정은 사실상 바르나바의 전도 여행이었습니다. 전교의 책임이 그에게 있었으며 바오로 사도가 협력자로서 그와 동행했기 때문입니다. 그들은 키프로스와 오늘날 터키인 중남부 아나톨리아 지방과 더불어 아탈리아, 페르게, 피시디아의 안티오키아, 이코니온, 리스트라, 데르베의 여러 도시를 방문하였습니다(사도 13-14 참조).

바르나바는 바오로 사도와 함께 예루살렘 공의회에 참석하였습니다. 논의를 거친 후, 원로들과 함께 사도들은 할례를 베풀지 않아도 된다고 결정하였습니다. 왜냐하면 할례는 더 이상 그리스도인의 정체성을 나타내는 모습이 아니었기 때문이었습니다(사도 15,1-35 참조). 결과적으로 이러한 결정을 통해 그들은 공식적으로 이방인들의 교회, 할례 받지 않아도 되는 교회를 세우게 되었습니다. 우리는 그리스도에 대한 믿음으로 아브라함의 후손이 되었습니다.

바오로 사도와 바르나바 두 사람은 두 번째 전도 여행 초반에 의견을 달리했습니다. 마르코라고 하는 요한을 바르나바는 동료로 같이 데려가기를 원했지만, 바오로 사도는 그 젊은이가 첫 번째 전도 여행 때 그들을 버리고 떠나갔다는 이유로 반대하였습니다(사도 13,13; 15,36-40 참조).

이와 같이 성인들 사이에도 논쟁과 분열 그리고 반목이 있었습니다. 이러한 사실에서 저는 위안을 받습니다. 성인은 '하늘에서 내려온 사람'이 아니라는 사실을 알 수 있기 때문입니다. 그들 역시 우리와 같은 사람들이고, 복잡한 문제들에 얽혀 사는 사람들입니다.

거룩함은 실수를 하지 않거나 죄를 짓지 않는다고 이루는 것이 아닙니다. 거룩함은 회심의 여력을 키우는 것입니다. 회개, 다시 시작하려는 의지, 무엇보다도 화해와 용서의 마음을 갖는 것입니다.

바오로 사도가 바로 그러한 사람이었습니다. 바오로 사도는 마르코를 심하게 질책했었지만 결국 다시 그와 함께했습니다. 바오로 성인의 후기 서간문인 필레몬에게 보낸 서간과 티모테오에게 보낸 둘째 서간에서 마르코는 바오로 사도의 '협력자'로 소개되고 있습니다.

　결론적으로, 성인이 된다는 것은 죄를 짓지 않는 것이 아니라 화해와 용서의 마음을 갖는 것입니다. 우리 모두는 거룩함에 이르는 법을 배울 수 있습니다. 아무튼, 바르나바는 요한 마르코와 함께 키프로스로 49년경에 돌아왔습니다(사도 15,39 참조). 이후 그에 관한 기록을 찾을 수 없습니다. 테르툴리아누스는 히브리서의 저자로 바르나바를 지목합니다만 이를 증명할 수는 없습니다. 히브리인들에게 보낸 서간에서는 예수님의 사제직을 특별하게 해석하는데, 바르나바가 레위 지파에 속하기에, 사제 직무와 관련된 사항들에 관심을 갖고 있었을지도 모르기 때문입니다.

　실라스는 바오로 사도의 또다른 협력자였습니다. '실라스'는 유다인 이름('청하다', '바라다'의 뜻을 지닌 스알sheal이라는 이름으로 '사울'이라는 이름과 같은 어근입니다)의 그리스 형식입니다. 실바누스라는 라틴식 이름 역시 여기서 유래되었습니다. 실라스라는 이름이 사도행전에 나타나는 반면, '실바누스'라는 이름은 바오로 서간에만 등장합니다. 그는 예루살렘 출신 유다인 가운데 처음으로 그리스도인이 된 무리 가운데 한 사람이었습니다. 그는 예언자로 여겨질 만큼(사도 15,32 참조) 그 교회 공동체 안에서 신망을 받던 사람이었습니다(사도 15,22 참조).

실라스는 예루살렘 공의회에서 채택된 결정을 "안티오키아와 시리아와 킬리키아에 있는 다른 민족 출신 형제들에게"(사도 15,23) 알려 주고 설명해 줄 책임을 지고 있었습니다. 그는 예루살렘 공동체와 안티오키아 공동체, 즉 유다계 그리스도인과 이방계 그리스도인 사이를 중재할 수 있는 사람으로 여겨졌으며 관습과 민족적 다양성 안에서 교회의 일치를 위해 봉사하는 사람으로 이해되었습니다.

바오로 사도는 바르나바와 헤어지고 나서 실라스를 전도 여행의 새로운 협력자로 삼았습니다(사도 15,40 참조). 바오로 사도와 함께, 실라스는 마케도니아(그리고 필리피, 테살로니카와 베로이아)에 이르러 거기에 머물렀습니다. 반면 바오로 사도는 아테네와 코린토까지 방문했습니다.

실라스는 코린토에서 바오로 사도와 다시 만나 함께 복

음을 선포하였습니다. 바오로 사도는 코린토 신자들에게 보낸 둘째 서간에서 "나와 실바누스와 티모테오가 여러분에게 선포한 하느님의 아드님 예수 그리스도"(2코린 1,19)라고 이야기하였습니다. 이는 실라스가 어떻게 바오로 사도와 티모테오와 함께 테살로니카 신자들에게 보낸 두 서간의 공동 저자가 되었는지를 설명해 줍니다.

이 또한 우리에게 중요합니다. 바오로 사도는 자신의 힘만을 의지하는 '단독 주자'가 아니라 교회의 '우리'로서 협력자들과 함께 행동하였습니다. 바오로 사도의 이러한 '나'는 고독한 '나'가 아니라 교회의 '우리' 안에 있는, 사도적 신앙의 '우리' 안에 있는 '나'입니다. 실바누스는 베드로의 첫째 서간에도 언급됩니다. "나는 성실한 형제로 여기는 실바누스의 손을 빌려 여러분에게 간략히 이 글을 썼습니다."(5,12) 이렇게 우리는 사도들의 친교를 목격합니다. 실바누스는 바오로 사도에게, 그리고 베드로 사도에게 봉사하였습니다. 교회는 하나이고 복음 선포도 하나이기 때문입니다.

바오로 사도의 협력자 가운데 세 번째로 기억할 사람은 아폴로입니다. 아폴로라는 이름은 아폴로니우스 혹은 아폴로도루스의 축약형일 것입니다. 이방계 이름이지만 그는 이집트 알렉산드리아 출신의 열심한 유다인이었습니다. 사도행전에서 루카 복음사가는 그를 '열정적인 달변가이며 성경에 정통한 사람'(18,24-25 참조)으로 묘사합니다.

아폴로는 에페소에서 선교를 시작했습니다. 그는 그곳에서 복음을 선포하는 와중에 프리스킬라와 아퀼라라는 그리스도인 부부를 만나게 되었습니다. 그들은 그에게 "하느님의 길"(사도 18,26)을 더 정확히 설명해 주었습니다.

그런 뒤 아폴로는 에페소 공동체의 추천서를 들고 아카이아 지방 코린토를 방문하였습니다. 에페소 공동체는 코린토 신자들에게 그를 환대해 주도록 당부하였습니다(사도 18,27 참조). 루카 복음사가가 기록한 것처럼 코린토에서 그는 "하느님의 은총으로 이미 신자가 된 이들에게 큰 도움을 주었"습니다. "그가 성경을 바탕으로 예수님께서 메시아이심을 논증하면서, 공공연히 그리고 확고히 유다인들을 논박하였기 때문"(사도 18,27-28)이었습니다.

하지만 아폴로의 선교는 여러 가지 문제점을 야기했습니다. 코린토 교회 공동체에는 자신만의 방식에 사로잡혀 다른 이들을 반대하는 사람들이 있었기 때문입니다(1코린 1,12; 3,4.6; 4,6 참조).

바오로 사도는 코린토 신자들에게 보낸 첫째 서간에서 아폴로의 업적에 대해 고마움을 표시하였습니다만, 그리스도의 몸을 분열시키는 파벌 형성에 관해 코린토 신자들을 꾸짖었습니다. 이러한 전체적 맥락 안에서 바오로 사도는 우리에게 중요한 가르침을 줍니다. 그가 말합니다. '아폴로가 무엇입니까? 바오로가 무엇입니까? 우리는 일꾼일 따름입니다. 즉 여러분을 믿음으로 이끈 일꾼에 지나지 않습니다.'(1코린 3,5 참조)

우리는 주님의 울타리에서 누구나 맡은 바 책무가 다릅니다. "나는 심고 아폴로는 물을 주었습니다. 그러나 자라게 하신 분은 하느님이십니다. …… 우리는 하느님의 협력자고, 여러분은 하느님의 밭이며 하느님의 건물입니다."(1코린

3,6.9)

에페소로 되돌아간 이후, 코린토로 서둘러 돌아오라는 바오로 사도의 초대를 아폴로는 훗날을 기약하며 거절하였습니다(1코린 16,12 참조). 비록 테르툴리아누스가 바르나바의 기록이라고 간주한 히브리인들에게 보낸 서간의 유력한 저자를 일부 학자들은 아폴로라 생각하고 있지만 더 이상의 정보를 얻을 수 없습니다.

이 세 인물은 공통된 모습만이 아니라 개별적인 특징으로도 복음 선포의 장에서 밝게 빛납니다. 그들 모두는 유다계 출신이고 예수 그리스도와 복음에 대해 충실하였으며 바오로 사도의 협력자였다는 점에서 공통점이 있습니다.

복음 선포를 통해 그들은 삶의 목적을 찾게 되었고, 그렇게 우리들 앞에 이타적이고 자비로운 모습에 대한 빛나는 모범으로 서 있습니다.

바오로 사도의 말씀을 다시 기억해 봅니다. 아폴로와 나 모두는 예수님의 일꾼입니다. 그분의 방식 안에서 각자가 그러합니다. 왜냐하면 자라나게 하시는 분은 바로 하느님이시기 때문입니다. 이 말씀은 오늘날의 우리들에게, 다시 말해 교황, 추기경, 주교, 사제, 평신도인 우리에게도 해당합니다. 우리 모두는 예수님의 비천한 일꾼들입니다. 우리는 자신의 재능 안에서 최선을 다해서 복음을 위해 봉사합니다. 그리고 하느님께 이 시대 안에서 당신의 복음을, 당신의 교회를 길러 주시도록 기도드립니다.

2007년 1월 31일

프리스킬라와 아퀼라

형제자매 여러분,

몇 주 전부터 시작한 그리스도교 신앙의 첫 증거자들에 관한 면모를 새롭게 살펴보는 발걸음 가운데 오늘은 한 부부에게 관심을 기울여 봅니다.

우리가 관심을 두는 부부는 프리스킬라와 아퀼라입니다. 이미 지난 수요일에 잠시나마 언급한 것처럼, 바오로 사도 주위에 모여든 많은 협력자들 가운데 그들의 분명한 모습을 볼 수 있습니다. 우리가 아는 것처럼, 이 부부는 파스카 사건 이후 초대 교회에서 매우 열심히 활동했습니다.

아퀼라와 프리스킬라는 이름이 라틴식이지만, 그들 부모는 모두 유다인이었습니다. 하지만 지리적으로 볼 때 아퀼라는 오늘날 터키에 해당하는, 흑해를 마주하는 북부 아나톨리아의 디아스포라 출신이고, 프리스킬라는 아마도 로마 출신의 유다인이었을 것입니다(사도 18,2 참조).

아퀼라와 프리스킬라는 로마를 떠나 코린토에 이르렀고, 거기서 50년대 초반 무렵 바오로 사도를 만났습니다. 루카 복음사가가 전해 주는 것처럼, 바오로 사도는 그들과 함께 지내며 천막을 만들고 지역 포목상 일을 하였으며 그들의 집에 초대받기도 했습니다(사도 18,3 참조).

그들이 코린토에 온 이유는 클라우디우스 황제의 결정에 따라 유다 주민 추방령이 내려졌기 때문입니다. 이 사건에 대해 로마 역사 학자인 수에토니우스는 "크레스투스라고 불리는 사람 때문에 그들이 폭동을 일으켰기 때문에"(《열두 카이사르의 생애》, '클라우디우스', 25항 참조) 히브리인들이 추방당했다고 전해 줍니다.

어떤 이들은 수에토니우스가 그리스도라는 이름 대신

'크레스투스'라고 쓸 만큼 그 이름을 잘 몰랐으며, 사건을 제대로 알지 못했다고 말합니다. 아무튼, 당시 유다인들 사이에 예수님이 그리스도였는지에 관한 문제로 내부적 충돌이 일어났습니다. 그리고 근본적으로는 이 문제 때문에 황제가 유다인을 모두 로마에서 추방하였습니다.

이 부부는 이미 40년대에 그리스도교 신앙을 받아들였고, 이제는 바오로 사도에게서 같은 신앙을 발견하게 되었다고 추론할 수 있습니다. 바오로 사도는 '예수님은 그리스도시다.'라는 믿음을 이들과 공유했을 뿐만 아니라 부활하신 주님의 부르심을 직접 받은 사도였습니다.

아퀼라와 프리스킬라 부부는 그렇게 코린토에서 바오로 사도를 처음 만나, 그를 집으로 초대하였고 함께 천막을 지었습니다.

다음으로, 프리스킬라와 아퀼라는 소아시아에 있는 에페소에서 모습을 드러냈습니다. 그곳에서 그들은 지난 수요일에 살펴본 알렉산드리아 출신 아폴로가 그리스도교 신앙을 완성하는 데 결정적 역할을 하게 되었습니다.

아폴로가 피상적인 신앙만을 알고 있었기 때문에 "프리스킬라와 아퀼라가 그의 말을 듣고 데리고 가서 그에게 하느님의 길을 더 정확히 설명해 주었"(사도 18,26)습니다.

바오로 사도는 에페소에서 코린토 신자들에게 보낸 첫째 서간을 쓰면서 자신과 더불어 "아퀼라와 프리스카가 자기들 집에 모이는 교회와 함께"(16,19) 인사를 보낸다고 분명히 밝혔습니다.

여기에서 이 부부가 초대 교회의 상황에서 담당한 가장 중요한 역할을 보게 됩니다. 그들은 하느님의 말씀을 듣고 성찬례를 거행할 수 있도록 그리스도인들을 자신의 집에 맞아들였습니다. '에클레시아ekklesia'라는 그리스 말이 바로 이러한 유형의 모임을 뜻합니다. 라틴 말로 '에클레시아ecclesia', 이탈리아 말로 '치에사chiesa'인 이 단어는 '같이 부르심을 받다', '모이다', '함께하다'라는 뜻을 지닙니다.

이렇게 아퀼라와 프리스킬라의 집은 교회가 되었고, 그리스도의 부르심을 함께 받은 이들이 이곳에 모여 거룩한 신비를 거행하였던 것입니다.

이처럼 우리는 믿는 이들의 집에서 시작된 교회의 실재적 태동을 봅니다. 초창기 그리스도인들은 자신들만의 고유한 기도 장소가 없었습니다. 구약과 신약 성경의 본질적인 상호 관계가 정리되고 이방인들의 교회가 고유한 정체성을 인정받기 이전에, 그리스도인들은 구약 성경적 전통에 근거한 유다교 회당을 기도 장소로 삼았기 때문입니다.

이러한 '결별'이 있은 이후, 그들은 그리스도인의 집에 모였고, 그곳이 '교회'가 되었습니다. 3세기에 와서야 기도를 드리기 위한 건물이 지어지기 시작했으며, 2세기까지는 그리스도인들의 집이 진정한 '교회'였습니다. 그들은 함께 모여 성경 말씀을 읽고 성찬례를 거행하였습니다.

바오로 사도가 "나와 온 교회의 집주인인 가이오스"(로마 16,23)라고 언급한 코린토에서, 님파의 집에 공동체가 모인 라오디케이아에서(콜로 4,15 참조), 혹은 아르키포스의 집에서 모임을 가진 콜로새(필레 2 참조)에서도 이런 모습이 일어났습니다.

아퀼라와 프리스킬라는 제국의 수도인 로마로 되돌아

와서도 이 중요한 역할을 계속 수행해 나갔습니다.

바오로 사도는 로마 신자들에게 보낸 서간에서 이러한 인사말을 건넸습니다.

"그리스도 예수님 안에서 나의 협력자들인 프리스카와 아퀼라에게 안부를 전해 주십시오. 그들은 생명의 위험을 무릅쓰고 내 목숨을 구하여 주었습니다. 나뿐만 아니라 다른 민족들의 모든 교회가 그들에게 고마워하고 있습니다."
(로마 16,3-5)

이 구절에는 두 사람에 대한 칭찬이 담겨 있습니다! 그리고 그렇게 칭찬을 한 사람이 그 누구도 아닌 바오로 사도였습니다. 바오로 사도는 분명하게 아퀼라와 프리스킬라를 자신의 사도직 수행에서 참되고 중요한 두 협력자로 여겼습니다.

앞의 구절에서 '생명의 위험을 무릅썼다'는 말은 아마도 에페소에서 감옥에 갇혀 있던 바오로 사도에게 베푼 호의와 관련된 일이었을 것입니다(사도 19,23; 1코린 15,32; 2코린 1,8-9 참조). 바오로 사도의 감사 인사에는 다른 민족들의 모든 교회가 보내는 감사 인사도 포함되어 있습니다. 비록 이 표현이 어느 정도 은유적일 수도 있지만, 이 표현에서 그들의 활동 반경이 얼마나 넓었는지, 그래서 복음 선포에 얼마나 많은 영향을 미쳤는지 짐작할 수 있습니다.

비록 순교자 프리스킬라와 혼동의 여지가 남아 있지만, 후기 성인전은 프리스킬라를 매우 중요하게 다루고 있습니다.

이곳 로마의 아벤티노 언덕, 즉 살라리아Salaria 대로변 프리스킬라 무덤 근처에는 프리스킬라 성녀에게 봉헌된 성당이 있습니다. 이렇게 로마 그리스도교의 역사에서 적극적인 성품과 고귀한 가치를 지닌 여인에 관한 기억이 지속되고 있습니다.

한 가지 확실한 것이 있습니다. 바오로 사도가 이야기한 초대 교회의 감사에 우리가 드리는 감사도 담아야 한다는 것입니다. 평신도, 가족, 프리스킬라와 아퀼라 같은 부부의 신앙과 사도직 수행 덕분에 그리스도교는 오늘날까지 이어지고 있습니다.

그리스도교는 앞서 언급된 열두 사도들에 의해서만 이루어지지 않았습니다. 사람이라는 땅에 뿌리를 내려 활발하게 성장하려면 '거름'을 주는 이러한 가족, 부부, 공동체, 평신도들의 헌신이 필요했습니다. 교회는 언제나 이렇게 성장합니다.

특히 프리스킬라와 아퀼라 부부는 그리스도인 부부의 행동이 얼마나 중요한지를 보여 줍니다. 신앙과 영성적 지지를 받을 때 우리는 자연스럽게 공동체 안에서 교회를 위해 헌신하게 됩니다. 나눔의 삶을 이어 나가고, 미약하지만 그 나눔의 삶은 그리스도 신비체의 요청에 대한 공동의 책임으로 승화되는 것입니다. 초대 교회의 구성원들이 그러했고, 앞으로도 그러할 것입니다.

그들의 모범에서 더 많은 가르침을 얻을 수 있다는 것을 부정할 수 없습니다. 모든 가정은 그 자체로 작은 교회로 변화해야 합니다. 그들 안에 서로를 위하는 마음과 배려에서 비롯되는 그리스도교적 사랑이 자리해야 하기 때문만이 아니라, 신앙을 기초로 한 모든 가정사가 주님이신 예수 그리스도를 중심으로 모아들여져야 하기 때문입니다.

바오로 사도가 에페소 신자들에게 보낸 서간에서 혼인 유대적 관계를 그리스도와 교회의 배우자적 친교(에페 5,25-33 참조)에 비유한 것은 우연이 아닙니다. 우리는 바오로 사도가 간접적으로 교회의 모든 삶을 가족의 삶으로 제시하였던 것처럼 살아갈 수 있습니다. 사실 교회는 하느님의 가족입니다.

그러기에 우리는 아퀼라와 프리스킬라를 그리스도교 공동체 전체를 위해 헌신하는 혼인유대적 삶의 모범으로서 공경합니다. 그리고 그들의 모습에서 영원한 하느님의 가족인 교회의 모습을 발견합니다.

2007년 2월 7일

복음을 위해 봉사한 여인들

형제자매 여러분,

오늘 우리는 신약 성경에서 언급된 초대 교회의 증거자들을 살펴보는 여정을 마무리합니다. 이 여정의 마지막 발걸음은 복음 선포에서 탁월하고 중요한 역할을 해낸 여인들에게 옮기겠습니다.

수난을 눈앞에 두신 예수님께서는 여인이 당신의 머리에 향유를 부었을 때 "진실로 너희에게 말한다. 온 세상 어디든지 이 복음이 선포되는 곳마다, 이 여자가 한 일도 전해져서 이 여자를 기억하게 될 것이다."(마태 26,13; 마르 14,9)

하고 말씀하셨습니다. 예수님의 이 말씀대로 여인들의 증거 역시 잊혀질 수 없습니다.

주님은 당신에 대한 믿음이 자라나도록 헌신한 복음의 증거자들이 교회 안에서 알려지고 계속해서 기억되기를 바라십니다. 우리는 초기 교회에서 여인들의 역사를 크게 예수님의 지상 여정, 그리고 첫 그리스도교 세대로 나눌 수 있습니다.

우리가 알듯이, 예수님은 새로운 이스라엘의 선조로서 당신의 제자들 가운데 열둘을 뽑아 "당신과 함께 지내게 하시고, 그들을 파견하시어 복음을 선포"(마르 3,14-15)하게 하셨습니다.

제자들 가운데에는 하느님의 새로운 백성이자 교회의 기둥인 열두 사도 외에도 여러 여인들이 있었습니다. 예언자 안나(루카 2,36-38 참조)를 시작으로 사마리아 여인(요한 4,1-39 참조), 시리아 페니키아 여인(마르 7,24-30 참조), 혈루증을 앓던 여인(마태 9,20-22 참조), 그리고 용서받은 죄 많은 여인(루카 7,36-50 참조) 등이 예수님을 따랐습니다.

누룩의 비유(마태 13,33 참조)와 되찾은 은전의 비유(루카 15,8-10 참조), 그리고 과부의 청을 들어주는 불의한 재판관의 비유(루카 18,1-8 참조)에 나타난 여인 등 예수님께서 이야기하신 예화에 나오는 인물들에 대해서는 생략하겠습니다. 오늘 주제에서 중요한 것은 예수님의 복음 선포 활동에서 능동적인 역할을 한 여인들이기 때문입니다.

그 첫자리에 우리는 자연스럽게 성모님을 떠올립니다. 성모님은 엘리사벳이 "여인들 가운데에서 가장 복되시며"(루카 1,42), 더 나아가 "주님께서 하신 말씀이 이루어지리라고 믿으신 분"(루카 1,45)이라고 칭송할 만큼 우리를 구원하기 위하여 신앙과 출산이라는 특별한 방식으로 협력하셨습니다.

성모님은 아들의 제자가 되어 카나에서 예수님에게 전적인 신뢰를 드러냈으며(요한 2,5 참조), 시대를 초월하여 요한으로 대표되는 모든 제자들을 위한 어머니의 역할을 받아들이신 십자가 아래에 이르기까지(요한 19,25-27 참조) 그분을 따랐습니다.

또한 예수님 주위에는 다양한 재능을 갖춘 여인들이 모여들어 책임 있는 역할을 수행했습니다. 자신이 가진 것으로 예수님을 도와 드리며 따랐던 여인들이 대표적입니다. 루카 복음서에서는 그 가운데 여러 여인의 이름을 전해 줍니다. '마리아 막달레나, 요안나, 수산나 그리고 다른 여자들'(루카 8,2-3 참조)입니다.

복음서에서는 그 여인들이 열두 사도들과 달리, 예수님이 수난을 겪으실 때도 그분을 떠나지 않았다고 전해 줍니다(마태 27,56.61; 마르 15,40 참조). 그 가운데 마리아 막달레나는 특별히 더 그러했습니다. 그녀는 주님 수난의 현장에 있었을 뿐만 아니라, 부활의 첫 목격자이자 선포자였습니다(요한 20,1.11-18 참조).

토마스 아퀴나스 성인이 마리아 막달레나를 '사도들의 사도apostolorum apostola'라고 부른 것은 참으로 합당한 처사였습니다. "그 여인이 부활하신 분에게 죽음의 말을 건넸던 것처럼, 그 여인은 그렇게 사도들에게 생명의 말을 전한 첫 사람이었습니다."(〈요한 복음 강독〉, ed. Cai, 2519)

초대 교회에서 여인들이 참여한 것은 특별한 일이 아니었습니다. 카이사리아의 '부제' 필리포스의 네 딸들에 관해서 강조하지는 않겠습니다만 그들 모두는 '예언의 은사'를 받았습니다. 루카 복음사가가 전하듯, 그 은사는 성령의 감도 아래 이루어지는 중재의 능력이었습니다(사도 21,9 참조). 정보가 부족하여 더 이상은 합리적 추론을 하기가 어렵습니다.

여인들의 고귀함과 교회적 역할에 관하여 자료를 더욱 풍부하게 전해 주는 사람은 바로 바오로 사도입니다. 그는 세례에서 비롯된 근본적인 원리로 시작합니다. "유다인도 그리스인도 없고, 종도 자유인도 없으며, 남자도 여자도 없습니다. 여러분은 모두 그리스도 예수님 안에서 하나입니다."(갈라 3,28) 이는 각자에게 고유한 역할이 있지만, 모두가 기본적으로 동일한 존엄성 속에서 일치되어 있다는 뜻입니다(1코린 12,27-30 참조).

바오로 사도는 일반적으로 여인들이 그리스도교 공동체 안에서 "예언"(1코린 11,5)할 수 있다는 사실을 받아들였습니다. 예언한다는 것은 성령의 감도 아래서 공동체의 교정과 권위에 따라 공개적으로 이야기할 수 있다는 의미입니다.

그런데 "여자들은 교회 안에서 잠자코 있어야 합니다."(1코린 14,34)라는 바오로 사도의 권고도 잘 알려져 있습니다. '여자가 교회 안에서 예언할 수 있다'는 구절과 '잠자코 있어야 한다'는 구절에는 논란의 여지가 많습니다만 그에 대한 결과는 성경 주석에 맡겨 둡시다. 두 구절은 분명 상반된 가르침이지만, 서로 연관이 있습니다. 하지만 여기서는 그에 관해 다루지 않겠습니다.

지난 수요일 일반 알현에서는 아퀼라의 아내인, 프리스카 혹은 프리스킬라의 모습을 살펴보았습니다. 놀랍게도 그녀는 두 번이나 자신의 남편에 앞서 언급됩니다(사도 18,18; 로마 16,3 참조). 두 경우 모두 바오로 사도는 분명히 그녀를 자신의 "협력자sunergous"(로마 16,3)로 부릅니다.

그냥 지나칠 수 없는 중요한 여인들이 더 있습니다. 필레몬에게 보낸 서간에서 바오로 사도는 '아피아'(필레 2 참조)라는 이름의 여인을 언급합니다. 그리스어 본문의 라틴 시리아 번역본에는 '아피아'라는 이름에 '친애하는 자매soror carissima'라는 호칭이 덧붙어 있습니다. 이는 그녀가 콜로새에 있는 공동체에서 중요한 위치에 있었다는 것을 분명하게 말해 줍니다. 아피아는 바오로 사도가 이 서간에서 언급한 이들 가운데 유일한 여인입니다.

한편 바오로 사도는 코린토 동부 항구 도시인 '켕크레애 교회의 부제'로 소개한 '포이베'라는 여인도 언급합니다(로마 16,1-2 참조). 당시에는 이 호칭에 교계제도의 특정한 직무적 가치가 포함된 것은 아니었습니다. 그렇지만 이 호칭은 포이베가 공동체에서 담당했던 책임을 참되고 올바르게 다했다는 것을 드러냅니다. 바오로 사도는 포이베를 진심으로 받아들이고 "도움이 필요하게 되면 무슨 일이든" 도와주도록 부탁하였습니다. 덧붙여 "사실 그는 나를 포함하여 많은 사람의 후원자였습니다."라고 말했습니다.

바오로 사도는 같은 로마 서간에서 다른 여인들의 이름도 하나하나 거명합니다. 마리아, 트리패나, 트리포사, '사랑하는' 페르시스, 그리고 율리아에 대해서 바오로 사도는

"여러분을 위해 애를 많이 썼고" "주님 안에서 애를 많이 쓴"(로마 16,6.12.15) 이들이라고 기록하였습니다. 그렇게 그는 교회를 위해 여인들이 헌신적으로 쏟은 노력을 강조합니다.

필리피 교회에는 서로 반목하는 에우오디아와 신티케라는 두 여인이 있었습니다(필리 4,2 참조). 바오로 사도는 공동체에서 중요한 역할을 담당한 두 여인에게 상호적인 이해를 간구하였습니다.

결론적으로, 수많은 여인들의 아낌없는 헌신이 없었다면, 그리스도교의 역사는 매우 힘겹게 성장해 나갔을 것입니다.

존경하는 저의 전임자 요한 바오로 2세 교황은 사도적 권고 〈여성의 존엄Mulieris Dignitatem〉에서 다음과 같이 이야기합니다. "교회는 모든 여성 개개인에게 감사를 드린다. …… 교회는 역사의 과정에서 민족과 나라 한복판에 여성적 특성이 명백하게 드러난 것을 깊이 감사한다. 교회는 성령께서 하느님의 백성의 역사 안에서 여성들에게 나누어 주신 온갖 은사들에 대하여, 그리고 그녀들의 믿음과 희망과 사랑에 힘입은 갖가지 승리에 대하여 감사한다. 교회는 또한 여성적 거룩함의 결실에 대해서 감사한다."(31항)

　이 말씀은 교회 역사에 등장한 여인들에게 바치는 찬사이며, 보편 교회를 대신하여 그들에게 드리는 감사입니다. 주님을 찬미하면서 우리도 함께 이러한 감사에 마음을 더 합시다. 전체 교회의 선익과 하느님의 더욱 큰 영광을 위하여 남자와 여자 모두가 자신의 신앙과 세례의 열매를 언제나 맺을 수 있도록 교회를 이끌어 주시는 주님께 감사드립시다.

2007년 2월 14일